GLOBAL SOUL FOOD · SOUP

SOUP 수프

CONTENTS

009 + 프롤로그

　　　수프, 영양과 정성을 가득 담은
　　　소울푸드입니다.

01
SOUP BASE:STOCK
수프 베이스:
스톡

012 • 닭 육수
013 • 고기 육수
014 • 채소 국물
015 • 해산물 국물
016 • 다시마 국물
017 • 시판 스톡
018 • 맛있는 육수를 만드는 비결
019 • 만들어 놓은
　　　육수 및 국물 보관법

02
VEGETABLE & FRUIT
채소 & 과일
수프

023 • 감자 수프
027 • 시금치 수프
030 + 감자 수프 활용 고로케
031 + 시금치 수프 활용 파운드케이크
033 • 당근 수프
039 • 단호박 수프
041 • 고구마 수프
042 + 단호박 수프 활용 팬케이크
043 + 고구마 수프 활용 빵그라탕
045 • 애호박 수프
049 • 구운 가지 수프
055 • 마늘 수프
057 • 대파 수프
059 • 구운 콜리플라워 수프

063 • 브로콜리 치즈 수프	107 • 검은깨 찹쌀 수프
067 • 버섯 수프	109 • 렌틸콩 수프
071 • 모둠 채소 수프	113 • 믹스빈 수프
077 • 오이 냉수프	
079 • 아보카도 냉수프	
081 • 모둠 과일 냉수프	
085 • 사과 냉수프	
089 • 복숭아 냉수프	
091 + 복숭아 냉수프 활용 젤리	

04
SEAFOOD SOUP
해산물 수프

- 119 • 오징어 토마토 수프
- 123 • 새우 완탕 수프
- 126 + 오징어 토마토 수프 활용 토르티야 피자

03
GRAIN SOUP
곡물 수프

- 095 • 옥수수 냉수프
- 099 • 완두콩 냉수프
- 105 • 견과류 수프

127 + 새우 완탕 수프 활용 누룽지탕
131 • 바지락 양파 수프
133 • 대합 감자 수프
135 • 연어 수프
137 + 연어 수프 활용 파스타
139 • 관자 콘 수프
143 • 미역 달걀 수프
147 • 굴 수프

159 + 닭고기 완자 수프 활용 양배추 롤
163 • 돼지고기 채소 수프
165 • 소시지 미니양배추 수프
167 • 소고기 버섯 수프
171 • 비프 콘소메 수프
174 + 소고기 버섯 수프 활용 파이
175 + 비프 콘소메 수프 활용 국수
179 • 베이컨 양상추 수프
181 • 훈제 삼겹살 소시지 수프

05
MEAT SOUP
고기 수프

153 • 닭봉 카레 수프
157 • 닭고기 완자 수프

06
SOUPS OF THE WORLD

세계의 수프

185 • 부야베스
188 + 루유
189 + 부야베스 활용 리조또
191 • 프렌치 어니언 수프
195 • 미네스트로네
199 • 가스파초
203 • 타라토르
207 • 검보
211 • 똠얌꿍
215 • 산라탕
219 • 소또아얌
223 • 돈지루

07
GARNISH

가니쉬

229 + 채소 & 허브
231 + 견과류 & 치즈
233 + 그 밖의 가니쉬
234 • 고구마 칩
235 • 토르티야칩
236 • 마늘 칩
237 • 베이컨칩
238 • 크루통
239 • 라유

240 + 찾아보기

수프,
영양과 정성을 가득 담은
소울푸드입니다

수프는 손쉽게 구할 수 있는 제철 재료 또는 각양각색의 재료를 물과 함께 끓여 만든 국물 요리로 재료 고유의 맛과 영양을 풍부하게 녹여낸 음식입니다. 고기, 해산물, 채소, 곡물 등을 여러 가지 조합해 만든 수프 한 그릇이면 다양한 영양소를 골고루 섭취할 수 있습니다.

푹 끓여 부드러워진 재료는 위에 부담을 주지 않아 아침 식사로 적합하고, 컨디션이 좋지 않을 때 영양식이나 야식으로도 훌륭합니다. 차갑게 먹는 수프도 있는데, 상큼한 맛으로 생기를 불어넣어줄 뿐만 아니라 애피타이저로 활용해도 좋습니다. 그런가 하면 달콤하고 향긋한 과일을 듬뿍 넣은 수프는 우아한 휴일의 브런치나 디저트로 제격이지요.

이 책은 맛있고 간단하며 건강한 수프를 만드는 데 중점을 두었습니다. 주재료에 맞는 육수를 선택하고, 어떻게 조리했을 때 맛과 영양분을 최고로 끌어올릴 수 있는지 고민했습니다. 신선한 재료와 믹서, 냄비만 있으면 거의 모든 수프를 만들 수 있는 간편하고 실용적인 수프 레시피 50가지와 12가지 활용 요리를 소개합니다.

➥ **책 속 레시피는 2인분 기준**이며, 주재료와 가니쉬를 아이콘으로 표시해 한눈에 확인할 수 있도록 했습니다. 팁에는 각 요리에서 대체할 수 있는 재료, 조리 과정에서 유의해야 할 사항 등을 꼼꼼하게 표시했습니다.

➥ 수프 재료, ▪ 육수, ✲ 가니쉬

➥ **계량 단위는** 계량스푼과 계량컵을 기준으로 표시했는데 **1큰술은 15㎖**(밥숟가락 1+1/2숟가락 정도), **1작은술은 5㎖** (밥숟가락 1/2숟가락 정도)이며, **1컵은 종이컵 180~190㎖**입니다.

➥ **파트는** 크게 수프의 베이스와 수프, 가니쉬로 분류했고, 수프는 주재료에 따라 채소 & 과일 수프, 곡물 수프, 해산물 수프, 고기 수프로 나누었으며, 세계 각국의 독특한 수프 레시피를 소개하는 '세계의 수프'를 별도로 다뤘습니다.

➥ **책 앞부분에는** 좀더 맛있는 수프를 만들기 위한 육수 만드는 법을 설명했습니다. 책 뒷부분에는 수프에 곁들여 낼 수 있는 다양한 가니쉬를 소개하고, 간단하고 활용도 높은 가니쉬 만드는 법 몇 가지를 수록했습니다.

01

SOUP BASE:STOCK

수프 베이스: 스톡

스톡은 육류의 살코기나 뼈, 해산물, 채소, 향신료 등을 물과 함께 끓여 우려낸 국물로 수프 맛의 기본이 되는 중요한 요소이다.
매번 만들기 번거로우므로 이 책에서는 약 2ℓ 분량을 만드는 레시피를 제시하여 수프를 만들 때 적당량을 덜어서 쓸 수 있게 했다.

01 부드럽고 진한 국물
닭 육수(치킨 스톡)

중닭 1마리(껍질 벗긴 것)
양파 1개(200g)
당근 1개(200g)
셀러리 2대
마늘 5쪽
타임 5줄기
로즈마리 5줄기
월계수 잎 2장
통후추 1작은술
소금 1큰술
물 2ℓ(닭이 잠길 정도)
물 4컵(추가용)

+TIP

+ 통닭이 아닌 잘라진 닭을 사용할 경우에는 3의 단계에서 끓이는 시간을 35분 정도로 줄인다.
+ 닭에서 발라낸 살은 소또아얌(p.219)을 만들 때 사용하거나 샐러드 등 다양한 요리에 사용한다.
+ 닭육수가 완전히 식으면 윗면에 떠 있는 기름을 걷어낸다.

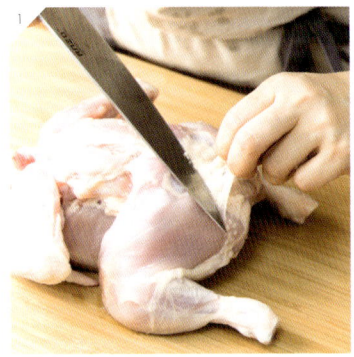

닭은 내장과 껍질에 붙은 기름기를 제거해 깨끗이 씻는다.

양파는 껍질째 2등분 하고 당근과 셀러리는 5cm 길이로 썬다.

냄비에 모든 재료를 넣고 닭이 익을 때까지 45분~1시간 동안 중약불에 끓인다.

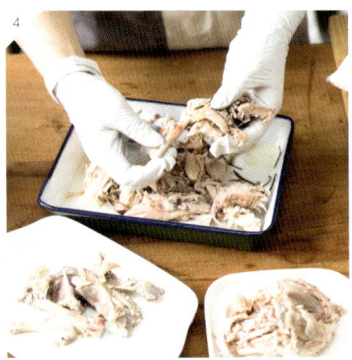

닭을 건져 뼈만 발라낸 뒤, 3에 뼈와 물 4컵을 넣고 45분~1시간 동안 약불에 끓인 다음 면보를 깐 체에 걸러낸다.

02 고기 육수 (비프 스톡)
구수하고 깊은 국물

한우 사골 1kg
양파 1개(200g)
당근 1개(200g)
셀러리 2대
마늘 5쪽
타임 5줄기
월계수 잎 2장
통후추 1작은술
소금 1큰술
물 2ℓ(사골이 잠길 정도)

+TIP
+ 사골을 끓이는 동안 나오는 거품을 걷어내야 불순물이 제거되어 잡맛이 나지 않는다.
+ 뚜껑을 닫고 끓이면 수분이 증발하지 않아 국물이 줄어들지 않는다.
+ 고기 육수가 완전히 식으면 윗면에 떠 있는 기름을 걷어낸다.

사골은 반나절 정도 물에 담가 핏물을 제거하고 체에 밭쳐 물기를 뺀다.

양파는 껍질째 2등분 하고 당근과 셀러리는 5cm 길이로 썬다.

사골을 180℃로 예열한 오븐에서 앞뒤를 뒤집어가며 갈색이 될 때까지 약 1시간 동안 굽는다.

냄비에 구운 사골과 모든 재료를 넣고 뚜껑을 덮어 12시간 동안 약불에 끓인 뒤 면보를 깐 체에 걸러낸다.

03 달콤하고 깔끔한 맛
채소 국물(베지터블 스톡)

양송이 10개
양파 1개
펜넬 ½개
당근 1개
셀러리 2대
대파 2대
마늘 5쪽
타임 5줄기
로즈마리 5줄기
파슬리 10g
통후추 1작은술
소금 1큰술
엑스트라버진 올리브유 1큰술
물 2ℓ(채소가 잠길 정도)

+TIP
+ 취향에 따라 토마토, 양배추 등의 제철 재료를 사용하거나 올리브유 대신 포도씨유, 현미유를 사용해도 좋다.

1 양파, 펜넬, 당근은 사방 3cm 크기로 자른다.

2 대파, 셀러리는 3cm 길이로 자르고, 양송이는 반으로 자른다.

3 냄비에 올리브유를 두르고 양파, 펜넬, 당근, 셀러리, 대파, 마늘을 넣고 소금을 뿌려 중불에서 노릇하게 볶는다.

4 3에 물을 붓고 양송이, 타임, 로즈마리, 파슬리, 통후추를 넣어 1시간 반 동안 약불에 끓인 뒤 면보를 깐 체에 걸러낸다.

04 시원하고 칼칼한 맛
해산물 국물(시푸드 스톡)

새우 머리와 껍데기 250g
꽃게 1마리
양파 1개(200g)
당근 1개(200g)
셀러리 2대
마늘 3쪽
화이트 와인 ½컵(100㎖)
타임 10줄기
통후추 1작은술
소금 1큰술
엑스트라버진 올리브유
1큰술
물 2ℓ

+TIP
+ 랍스터 껍질을 같이 넣어 끓이면 더욱 풍성한 맛을 낼 수 있다.
+ 오븐이 없다면 1, 2의 과정은 생략하고 3번 과정부터 진행한다.
+ 취향에 따라 토마토 페이스트 3큰술을 첨가해도 된다.

새우 머리와 껍데기, 4등분 한 꽃게를 200도로 예열한 오븐에 15분~20분간 앞뒤로 뒤집어가며 바싹하게 굽는다.

1을 지퍼팩에 넣고 밀대로 두들겨 잘게 부순다.

냄비에 올리브유를 두르고 사방 3cm 크기로 자른 양파, 당근, 셀러리, 다진 마늘을 넣어 중불에 볶다가 2를 넣고 함께 볶는다.

3에 화이트 와인을 넣고 센 불로 끓인 뒤 물, 토마토 페이스트, 타임, 소금, 후추를 넣고 1시간 동안 약불에 끓여 면보를 깐 체에 걸러낸다.

05 개운하고 감칠맛 나는
다시마 국물

다시마(사방 8cm 크기) 1개
가다랑이포 15g
물 600㎖

+TIP

- 다시마 겉에 묻은 흰 가루는 감칠맛을 내므로 물에 씻지 않도록 한다.
- 다시마를 너무 오래 끓이면 쓴맛이 나고, 점액이 흘러나와 국물 맛을 해칠 수 있으니 주의한다.
- 가다랑이포는 약한 불에 우려야 쓴맛이 나지 않고 훈제 향이 잘 우러난다.

1. 다시마는 마른행주로 겉면을 닦고 냄비에 물 600㎖와 함께 약 30분간 담가 놓는다.

2. 1을 약한 불에 끓이다가 끓기 시작하면 가다랑이포 15g을 넣는다.

3. 1분간 더 끓이다가 불을 끄고 다시마와 가다랑이포를 건져낸다.

4. 3분간 그대로 두어 제거되지 않은 가다랑이포 가루를 가라앉히고 조심스럽게 다시마 국물을 따라낸다.

06 간편하고 다양한 **시판** 스톡

육수를 만드는 과정이
너무 번거롭게 느껴진다면
시판 제품을 사용해도 좋다.
시판 스톡은 육류의 고기와 뼈,
해산물, 채소, 소금, 향신료 등을
끓여 큐브나 가루 형태로 만든 것인데,
끓는 물이나 뜨거운 물에 넣고
잘 저어 주면 금방 육수를
만들 수 있어 편리하다.
수프를 비롯한 국물 요리나
국수, 파스타 등 면 요리에
두루 쓸 수 있다.

제품에 따라 사용하는
재료의 종류와 큐브 1개당
필요한 물의 양이 다르므로
사용법을 반드시 확인한 뒤
요리하는 게 좋다.
최근에는 물에 갤 필요 없이
바로 쓸 수 있는 액상 스톡도
많이 등장했으니 재료와
사용법을 잘 따져 보고
고르도록 한다.

맛있는 육수를
만드는 비결

01 채소는 깨끗이 씻어 껍질째 사용한다.

식감이나 모양을 이유로 채소 껍질과 뿌리 등을 벗겨 내고 요리할 때가 많은데, 오히려 이런 채소 자투리에 영양분이나 채소 고유의 향이 더 많다. 채소를 흐르는 물에 후다닥 씻기보다 베이킹 소다나 식초를 푼 물에 담가 두었다가 흐르는 물에 씻어내는 것이 더 위생적이다. 표면에 흙이 많이 묻어 있는 뿌리채소의 경우, 굵은소금으로 문질러 씻은 뒤 조리하는 것이 좋다.

02 채소 자투리는 모아 두었다가 채소 국물을 만들 때 사용한다.

채소 자투리로 적합한 재료는 양파 껍질과 뿌리, 무와 당근의 껍질, 뿌리, 꼭지, 대파의 뿌리, 셀러리 잎과 줄기, 마늘 껍질과 뿌리, 양배추의 푸른 겉잎과 심, 버섯 기둥 등이다. 가지나 적양배추, 적양파와 같

은 채소는 끓였을 때 국물 색을 어둡게 하고, 녹말질이 많은 채소는 채소 국물의 산뜻한 맛을 해칠 수 있어 적합하지 않다.

03 육수가 완전히 식으면 기름이 굳어 걷어 내기 수월하다.

육수를 끓이는 중간중간에 떠오르는 기름을 걷어 내야 깔끔한 국물 맛을 낼 수 있는데, 다 끓인 뒤 면보를 깐 체에 걸러도 기름이 남는 경우가 있다. 이럴 때는 육수를 완전히 식힌 뒤 윗면에 떠 있는 기름을 한지 기름종이로 제거한다. 육수를 냉동실에 잠시 넣었다가 표면에 굳은 기름을 걷어 내는 것도 좋은 방법이다.

04 체에 걸러 낸 육수는 완전히 식힌 뒤 보관한다.

이 책에 있는 레시피대로 만든 육수는 냉장실에서 1주일, 냉동실에서 3개월간 보관할 수 있다. 육수를 금방 쓸 경우에는 완전히 식힌 뒤 밀폐용기나 지퍼백에 담아 냉장 보관하고, 좀더 오래 두고 쓰려면 완전히 식힌 뒤 밀폐용기, 얼음틀에 담아 얼린 다음 지퍼백에 옮겨 담고 냉동 보관하여 필요할 때마다 꺼내 쓴다.

만들어 놓은
육수 및 국물 **보관법**

01 지퍼팩 활용법

1 육수 또는 국물을 1컵(200㎖) 분량으로 계량한다.
2 컵에 지퍼팩을 걸치고 계량한 육수 또는 국물을 담는다.
3 지퍼팩을 밀봉해 냉장 또는 냉동 보관하고, 필요할 때마다 하나씩 꺼내 쓴다.

02 밀폐용기 활용법

1 육수 또는 국물을 1컵(200㎖) 분량으로 계량한다.
2 밀폐용기에 담아 뚜껑을 닫고 냉동실에 얼린다.
3 2를 지퍼팩에 담아 냉동 보관하고 필요할 때마다 하나씩 꺼내 쓴다.

03 얼음틀 활용법

1 육수 또는 국물을 얼음틀에 부어 냉동실에 얼린다.
2 1을 지퍼팩에 담아 냉동실에 보관한다.
3 필요할 때마다 하나씩 꺼내 쓴다.

02
VEGETABLE & FRUIT SOUP
채소&과일 수프

채소 국물에는
채소의 단단한 세포벽이
허물어지면서 나온 영양분이
충분히 우러나 생으로
먹을 때보다 더 많은
식이섬유를 섭취할 수 있다.
또한 채소를 노릇하게 볶거나
구운 뒤 수프를 만들면
한층 더 구수하고 달다.
생과일로 만든 수프는
새콤달콤한 디저트로 손색없다.

볶은 감자의 고소하고 포근한 맛
감자 수프

감자 3개(240g)
양파 ½개(100g)
셀러리 줄기 ½대(25g)
마늘 1쪽
베이컨 1줄
드라이 타임 ¼작은술
코코넛 밀크 ½컵(100㎖)
올리브유 1작은술
소금 약간
후추 약간

닭 육수 1+½컵(300㎖)

다진 파슬리 적당량
코코넛 밀크 적당량
베이컨칩 적당량

01 감자와 셀러리 줄기는 사방 1cm 크기로 깍둑썰기 한다.
02 마늘은 다지고 베이컨은 1cm 두께로 썬다.
03 냄비에 올리브유 1작은술을 두르고 베이컨과 마늘을 넣어 마늘 향이 날 때까지 볶다가 양파를 넣고 중불에 노릇하게 볶는다.
04 03에 감자, 셀러리를 넣고 채소의 표면이 투명해지기 시작할 때까지 볶는다.
05 04에 닭 육수를 붓고 타임을 넣은 후 뚜껑을 덮어 20분간 약불에 끓인 뒤 한 김 식힌다.
06 05를 믹서에 넣어 곱게 간 후 냄비에 다시 붓고, 코코넛 밀크를 넣어 한소끔 끓인다.
07 소금, 후추로 간하고 그릇에 담은 뒤 코코넛 밀크와 베이컨칩, 다진 파슬리를 올린다.

+TIP
+ 코코넛 밀크 통조림은 따기 전에 잘 흔들어 기름기가 골고루 퍼지도록 한다.
+ 코코넛 밀크의 향이 익숙하지 않다면 우유를 사용하거나 코코넛 밀크와 우유를 50㎖씩 사용해도 된다.
+ 닭 육수 대신 시판 치킨 스톡을 동량 사용해도 좋다.

🍲 감자 수프 만드는 법

감자는 껍질을 벗기고 사방 1cm 크기로 깍둑썰기 한다.

셀러리 줄기도 감자와 같은 크기로 깍둑썰기 한다.

마늘은 다진다.

감자와 셀러리를 넣고 채소의 표면이 투명해지기 시작할 때까지 볶는다.

닭 육수와 타임을 넣고 약불에 20분간 끓여 한 김 식힌다.

8을 믹서에 넣는다.

베이컨은 1cm 두께로 썬다.

냄비에 올리브유 1작은술을 두르고, 베이컨과 마늘을 넣어 마늘 향이 날 때까지 볶는다.

양파를 넣고 중불에 노릇하게 볶는다.

곱게 간다.

10을 다시 냄비에 붓고, 코코넛 밀크를 넣는다.

한소끔 끓인 뒤 소금, 후추로 간한다.

달콤한 맛 뒤에 남는 쌉싸래한 향
시금치 수프

시금치 ⅓단(100g)
양파 ¼개(50g)
감자 ⅓개(50g)
버터 15g
생크림 1컵(200㎖)
너트맥 ¼작은술
소금 약간
후추 약간

닭 육수 1컵(200㎖)

다진 파슬리 적당량
생크림 적당량

01 시금치는 끓는 소금물에 넣고 30초간 데친 후 찬물에 헹궈 물기를 뺀 다음 1cm 길이로 자른다.
02 양파와 감자는 사방 1cm 크기로 깍둑썰기 한다.
03 냄비에 버터를 넣고 녹으면 양파를 넣어 중불에 노릇하게 볶는다.
04 03에 감자를 넣어 겉면이 투명해질 때까지 중불에 볶는다.
05 04에 닭 육수를 붓고 10분간 중불에 끓인 후 한 김 식힌다.
06 05를 시금치와 함께 믹서에 넣어 곱게 간 후 냄비에 다시 붓는다.
07 06에 생크림을 붓고 너트맥을 넣어 약불에 한소끔 끓인 후 소금, 후추로 간한다.
08 수프를 그릇에 담고 생크림으로 장식한 후 다진 파슬리를 뿌린다.

+TIP
+ 시금치 수프를 담은 그릇의 둘레에 지름 1cm 크기의 생크림을 6~8방울 올리고 이쑤시개로 지름의 중심을 가볍게 긁어주면 간단하면서도 멋스럽게 장식할 수 있다. 코코넛 밀크로도 응용 가능하다.
+ 닭 육수 대신 시판 치킨 스톡을 동량 사용해도 좋다.

🥣 시금치 수프 만드는 법

시금치는 끓는 소금물에 30초간 데친다.

1을 찬물에 헹궈 물기를 뺀 뒤 1cm 길이로 자른다.

양파는 사방 1cm 크기로 깍둑썰기 한다.

양파가 노릇해지면 감자를 넣어 겉면이 투명해질 때까지 중불에 볶는다.

닭 육수를 붓고 10분간 중불에 끓인 후 한 김 식힌다.

8을 시금치와 함께 믹서에 넣는다.

감자도 사방 1cm 크기로 깍둑썰기 한다.

냄비에 버터를 넣고 녹인다.

양파를 넣어 중불에 볶는다.

곱게 간다.

10을 냄비에 다시 붓고 생크림을 넣는다.

너트맥을 넣어 약불에 한소끔 끓인 후 소금, 후추로 간한다.

SOUP

감자 수프 활용 고로케

재료(10개 분량)
감자 수프 1컵(200㎖), 다진 양파 1개(100g), 다진 소고기 140g, 다진 돼지고기 60g, 설탕 1작은술, 소금 ½작은술, 후추 ½작은술, 중력분 3큰술, 박력분 적당량, 달걀 2개, 빵가루 적당량, 올리브유 1작은술, 식용유 적당량

1 팬에 올리브유 1작은술을 두르고 다진 양파와 분량 외 소금, 후추를 한 꼬집씩 넣고 노릇하게 중불에 볶은 후 팬에서 꺼내 식힌다. **2** 1의 팬에 다진 소고기, 다진 돼지고기, 설탕, 소금, 후추를 넣고 고기를 풀어가며 노릇하게 센 불에 볶은 후 팬에서 꺼내 식힌다. **3** 볼에 차가운 감자 수프, 1, 2, 중력분을 넣고 골고루 섞는다. **4** 3의 고로케 반죽을 10등분 하고 둥글게 빚는다. **5** 4에 밀가루(박력분), 달걀물, 빵가루를 순서대로 묻힌다. **6** 180℃로 달군 기름에 5를 넣고 노릇하게 튀긴다.

+TIP
+ 취향에 따라 잘게 채 썬 양배추를 곁들여 먹는다.
+ 우스터소스, 돈가스소스, 케첩 등의 소스와 곁들여도 좋다.

SOUP

시금치 수프 활용 파운드케이크

재료
20cm 파운드틀 1개, 시금치 수프 ¼컵(50㎖), 삶은 시금치 10g, 박력분 120g, 버터 60g, 설탕 80g, 달걀 2개

1 삶은 시금치는 1cm 길이로 썬다. **2** 실온에 30분 이상 둔 버터를 볼에 담고 핸드믹서로 부드러운 상태가 될 때까지 섞는다. **3** 2에 설탕을 3번 나눠 넣으며 부드러운 상태가 될 때까지 핸드믹서로 가장 약한 단계에서 휘핑한다. **4** 3에 실온에 둔 달걀을 1개씩 넣어가며 고운 크림 상태가 될 때까지 휘핑한다. **5** 4에 체 친 박력분을 넣고 고무 주걱으로 가볍게 섞는다. **6** 5에 시금치 수프와 1을 넣고 고무 주걱으로 가볍게 섞는다. **7** 파운드케이크틀에 유산지를 깔고 반죽을 70% 정도 담는다. **8** 180℃로 예열한 오븐에 30~40분간 노릇하게 굽는다.

+TIP
+ 시금치 수프 대신 단호박 수프로 만들어도 된다.

붉은 당근에서 우러나는 달콤한 맛
당근 수프

당근 ³/₄개(150g)
양파 ¼개(50g)
감자 ¼개(40g)
올리브유 1큰술
코코넛 밀크 ½컵(100㎖)
우유 ½컵(100㎖)
월계수 잎 1장
소금 약간
백후추 약간

닭 육수 1컵(200㎖)

코코넛 밀크 약간
파슬리 약간

01 당근, 양파, 감자는 사방 1cm 크기로 깍둑썰기 한다.
02 냄비에 올리브유를 두르고 양파를 넣어 중불에 노릇하게 볶는다.
03 02에 당근과 감자를 넣고 중불에 볶는다.
04 당근과 감자가 투명해지기 시작하면 닭 육수를 붓고 월계수 잎을 넣는다.
05 04를 10분간 약불에 끓여 한 김 식힌 뒤 월계수 잎을 뺀다.
06 05를 믹서에 붓고 곱게 간 후 냄비에 다시 붓는다.
07 06에 코코넛 밀크와 우유를 붓고 한소끔 끓인다.
08 소금, 백후추로 간한 뒤 수프를 그릇에 담고, 코코넛 밀크와 파슬리로 장식한다.

+TIP
+ 코코넛 밀크의 맛과 향이 익숙하지 않다면 코코넛 밀크 대신 생크림을 사용해도 된다.
+ 손으로 가볍게 자른 비스킷을 수프 위에 올리면 또 다른 식감과 맛을 즐길 수 있다.
+ 닭 육수 대신 시판 치킨 스톡을 동량 사용해도 좋다

🥣 당근 수프 만드는 법

당근은 사방 1cm 크기로 깍둑썰기 한다.

당근과 같은 크기로 양파를 썬다.

당근과 같은 크기로 감자를 썬다.

당근과 감자가 투명해지기 시작하면 닭 육수를 붓고 월계수 잎을 넣는다.

10분간 약불에 끓여 한 김 식힌 뒤 월계수 잎을 건진다.

8을 믹서에 넣는다.

냄비에 올리브유를 두르고 양파를 넣어 노릇하게 볶는다.

4에 당근을 넣어 중불에 볶는다.

5에 감자를 넣고 중불에 볶는다.

곱게 간 뒤 냄비에 다시 붓는다.

코코넛 밀크와 우유를 붓고 한소끔 끓인다.

잘 저어주며 소금과 백후추로 간한다.

단호박 수프

고구마 수프

🍲 단호박 수프 만드는 법

단호박은 씨를 제거하고 큼직하게 자른다.

내열용기에 1과 물을 담은 뒤 랩을 씌워 전자레인지에 5분간 돌린다.

2를 전자레인지에서 꺼내 살만 발라낸다.

양파는 다져서 내열용기에 담아 랩을 씌운 뒤 전자레인지에 2분간 돌린다.

믹서에 3, 4, 우유를 붓고 곱게 갈아 다시 냄비에 붓는다.

5에 생크림을 넣어 골고루 섞은 후 약불에 한소끔 끓이다가 소금, 후추로 간하고 버터를 넣는다.

구수한 단맛이 입안 가득 퍼지는
단호박 수프

단호박 1개(300g)
물 3큰술
양파 ½개(100g)
버터 5g
우유 1+½컵(300㎖)
생크림 ½컵(100㎖)
소금 약간
후추 약간

아몬드 슬라이스 적당량

01 단호박은 씨를 제거하고 큼직하게 잘라 내열용기에 물과 함께 담은 뒤 랩을 씌워 전자레인지에 5분간 돌려 익힌다.
02 01을 전자레인지에서 꺼내 살만 발라낸다.
03 양파는 다져서 내열용기에 담아 랩을 씌운 뒤 전자레인지에 2분간 돌린다.
04 믹서에 02, 03, 우유를 넣어 곱게 간 후 냄비에 붓는다.
05 04에 생크림을 넣고 골고루 섞은 후 약불에 한소끔 끓인다.
06 소금, 후추로 간하고 마지막에 버터를 넣는다.
07 수프를 그릇에 담고 아몬드 슬라이스를 올린다.

+TIP
+ 우유 대신 두유를 사용해도 된다.
+ 전자레인지를 사용하지 않을 경우에는 냄비에 버터를 넣고 녹으면 다진 양파를 노릇하게 볶는다. 씨와 껍질을 제거해 사방 1cm 크기로 자른 단호박을 넣고 노릇하게 볶는다. 믹서에 우유와 함께 간 후 과정 05부터 진행한다.
+ 아몬드 슬라이스 외에도 해바라기씨, 캐슈너트, 호두 등의 다양한 견과류와 잘 어울린다.

고구마 수프 만드는 법

고구마는 껍질째 1cm 크기로 깍둑썰기 하고 양파와 당근도 같은 크기로 썬다.

냄비에 올리브유를 두르고 양파, 당근을 넣어 중불에 볶는다.

2에 고구마를 넣고 중불에 볶는다.

닭 육수를 넣고 20분간 약불에 끓인다.

4를 믹서에 넣고 곱게 갈아 냄비에 다시 붓는다.

생크림, 우유와 함께 중불에 한소끔 끓인 뒤 소금으로 간한다.

크림처럼 부드럽고 달콤한 풍미
고구마 수프

고구마 1개(200g)
당근 ¼개(50g)
양파 ¼개(50g)
올리브유 1큰술
생크림 ¼컵(50㎖)
우유 ¼컵(50㎖)
소금 약간

닭 육수 1+½컵(300㎖)

고구마칩(p.234 참고)

01 고구마는 깨끗이 씻어 껍질째 사방 1cm 크기로 깍둑썰기 한다.
02 양파, 당근은 사방 1cm 크기로 깍둑썰기 한다.
03 냄비에 올리브유를 두르고 양파, 당근을 넣어 중불에 볶는다.
04 03에 고구마를 넣고 투명해질 때까지 중불에 볶다가 닭 육수를 부어 20분간 약불에 끓인다.
05 04를 믹서에 넣어 곱게 간 후 냄비에 다시 붓고 생크림, 우유와 함께 중불에 한소끔 끓인 뒤 소금으로 간한다.
06 수프를 그릇에 담고 고구마칩을 올린다.

+TIP
+ 손질한 고구마를 연한 소금물(물 3컵에 소금 1작은술)에 10분 정도 담갔다가 조리하면 단맛이 훨씬 더 살아난다.
+ 닭 육수 대신 시판 치킨 스톡을 동량 사용해도 좋다

SOUP

단호박 수프 활용 팬케이크

재료(2인분)
단호박 수프 ½컵(100㎖), 핫케이크믹스 200g, 달걀 1개, 레몬즙 ½큰술, 소금 1작은술, 올리브유 적당량, 믹스베리 적당량, 메이플시럽 적당량, 민트 적당량, 슈거파우더 적당량

1 볼에 단호박 수프, 달걀, 레몬즙, 소금을 넣고 거품기로 골고루 섞는다. **2** 1에 체 친 핫케이크믹스를 넣고 나무 주걱으로 가볍게 섞는다. **3** 올리브유를 살짝 두른 팬에 2의 반죽을 한 국자 떠서 넣고 앞뒤로 노릇하게 굽는다. **4** 3을 접시에 담고 슈거파우더를 뿌린 후 믹스베리와 민트를 얹는다. **5** 메이플시럽을 곁들인다.

+TIP
+ 취향에 따라 반죽에 견과류를 섞어도 좋다.
+ 메이플시럽 대신 꿀을 곁들여도 잘 어울린다.

SOUP

고구마 수프 활용 빵그라탕

재료(2인분)
고구마 수프 1컵(200㎖), 식빵 2장, 피자 치즈 적당량

1 식빵은 한입 크기로 자른다. **2** 오븐 용기에 식빵을 깔고 고구마 수프가 빵에 스며들도록 천천히 붓는다. **3** 2에 피자 치즈를 듬뿍 얹는다. **4** 250℃로 예열한 오븐에 10~15분간 노릇하게 굽는다.

+TIP
+ 고구마 수프가 식빵에 잘 스며들도록 굽지 않은 식빵을 쓴다.
+ 식빵 대신 바게트나 모닝빵 등 다양한 종류의 빵을 사용해도 된다.

볶은 애호박의 단맛이 녹아든
애호박 수프

애호박 1개(200g)
양파 1/2개(100g)
마늘 2쪽
버터 1/2큰술
올리브유 1큰술
소금 약간
후추 약간

채소 국물 2컵(400㎖)

애호박 30g

01 애호박은 1cm 두께로 썬다.
02 양파는 굵게 다지고 마늘은 0.2cm 두께로 썬다.
03 냄비에 올리브유와 버터를 넣어 버터가 녹으면 양파, 마늘을 넣고 중불에 노릇하게 볶는다.
04 03에 애호박을 넣고 애호박이 투명해질 때까지 볶는다.
05 04에 채소 국물을 넣고 10분 동안 약불에 끓여 한 김 식힌다.
06 05를 믹서에 붓고 곱게 간 후 소금, 후추로 간한다.
07 장식용 애호박은 1cm 두께로 썰어 그릴 팬에 앞뒤로 노릇하게 굽는다.
08 수프를 그릇에 담고 구운 애호박을 얹는다.

+TIP
+ 애호박 대신 주키니를 동량 사용해도 된다.
+ 그라나파다노 치즈와 곁들여도 잘 어울린다.
+ 채소 국물 대신 시판 베지터블 스톡을 동량 사용해도 된다.

🍲 애호박 수프 만드는 법

애호박은 1cm 두께로 썬다.

양파는 굵게 다진다.

마늘은 0.2cm 두께로 썬다.

채소 국물을 넣고 10분간 약불에서 끓인다.

7을 한 김 식힌다.

8을 믹서에 넣고 곱게 간다.

냄비에 올리브유와 버터를 넣어 녹인 뒤 양파와 마늘을 노릇하게 볶는다.

애호박을 넣는다.

애호박이 투명해질 때까지 볶는다.

소금으로 간한다.

후추를 뿌려준다.

장식용 애호박은 1cm 두께로 썰어 그릴팬에 앞뒤로 노릇하게 굽는다.

구운 채소의 감칠맛이 톡 터지는
구운 가지 수프

가지 2개(260g)
토마토 1개(185g)
마늘 3개
올리브유 1큰술
생크림 ¼컵(50㎖)
타임 2줄기
소금 약간
후추 약간

닭 육수 2컵(400㎖)

파슬리 적당량
콜비잭 치즈 ¾컵(150㎖)

01 가지, 토마토는 1cm 두께로 썰어 오븐팬 위에 마늘과 함께 올리고 앞뒤로 올리브유를 바른 후 소금, 후추를 뿌린다.

02 200℃로 예열한 오븐에 01을 넣고 25~30분간 앞뒤를 뒤집어가며 노릇하게 굽는다.

03 냄비에 02를 넣고 닭 육수와 타임을 넣어 뚜껑을 덮고 채소가 부드럽게 익을 때까지 약불에 한소끔 끓여 한 김 식힌다.

04 03을 믹서에 넣어 곱게 간 후 냄비에 다시 붓는다.

05 04에 생크림을 붓고 한소끔 끓인 후 소금, 후추로 간한다.

06 수프를 그릇에 담고 콜비잭 치즈를 굵게 갈아서 얹는다.

07 손으로 뜯은 파슬리를 뿌려 장식한다.

+TIP
+ 오븐 대신 팬을 사용할 경우에는 팬에 올리브유 1큰술을 두르고 가지, 토마토를 넣어 소금, 후추로 간한 후 앞뒤로 노릇하게 굽는다.
+ 닭 육수 대신 시판 치킨 스톡을 동량 사용해도 좋다.

🥣 구운 가지 수프 만드는 법

가지는 1cm 두께로 썬다.

토마토도 1cm 두께로 썬다.

오븐팬에 가지, 토마토, 마늘을 올린 뒤 올리브유를 바르고 소금, 후추를 뿌린다.

타임을 넣어 채소가 부드럽게 익을 때까지 약불에 끓인다.

7을 한 김 식혀 믹서에 넣는다.

곱게 간다.

200℃로 예열한 오븐에 3을 넣고 25~30분간 앞뒤로 노릇하게 굽는다.

냄비에 구운 채소를 넣는다.

닭 육수를 넣는다.

9를 냄비에 다시 붓는다.

생크림을 부어 한소끔 끓인다.

소금, 후추로 간한다.

마늘 수프

대파 수프

🍲 마늘 수프 만드는 법

마늘은 세로로 반 자르고, 감자는 사방 1cm 크기로 썬다.

냄비에 우유, 생크림, 감자, 마늘을 넣고 감자와 마늘이 익을 때까지 약불에 15분간 끓인다.

2를 믹서에 넣어 곱게 간 뒤 냄비에 다시 붓는다.

닭 육수를 천천히 부어가면서 잘 섞은 뒤 한소끔 끓이고 불을 끈다.

파마산 치즈가루를 넣어 섞는다.

소금, 후추로 간한다.

진한 마늘 향이 입맛 돋우는
마늘 수프

마늘 50g
감자 1/4개(40g)
우유 1컵(200㎖)
생크림 1/2컵(100㎖)
파마산 치즈가루 2큰술
소금 약간
후추 약간

닭 육수 1컵(200㎖)

마늘칩 1큰술(p.236 참고)

01 마늘은 세로로 반을 가르고, 감자는 사방 1cm 크기로 썬다.
02 냄비에 우유, 생크림, 감자, 마늘을 넣고 감자와 마늘이 익을 때까지 뚜껑을 덮어 약불에 15분간 끓인다.
03 02를 믹서에 넣어 곱게 간 뒤 냄비에 붓고, 닭 육수를 천천히 부어가면서 골고루 섞는다.
04 03을 한소끔 끓이고 불을 끈다.
05 04에 파마산 치즈가루를 넣어 섞고 소금, 후추로 간한다.
06 완성된 수프를 그릇에 담고 마늘칩을 올려 장식한다.

+TIP
+ 생크림을 넣으면 농도가 생기고 좀더 부드러운 맛이 난다.
+ 닭 육수 대신 시판 치킨 스톡을 동량 사용해도 좋다.

🍲 대파 수프 만드는 법

대파는 1cm 두께로 썰고, 감자는 사방 1cm 크기로 깍둑썰기 하며, 양파는 굵게 다진다.

냄비에 버터를 녹이고 대파와 양파를 넣어 노릇하게 볶는다.

2에 감자를 넣어 감자가 투명해질 때까지 볶는다.

채소 국물을 붓고 10분간 약불로 끓인 뒤 한 김 식힌다.

4를 믹서에 곱게 간 뒤 냄비에 다시 붓는다.

생크림을 부어 한소끔 끓이고 소금으로 간한다.

볶은 대파의 달큰한 맛과 향
대파 수프

대파 흰 부분 3대(60g)
감자 1개(160g)
양파 ¼개(50g)
버터 5g
생크림 ¼컵(50㎖)
소금 약간

채소 국물 2컵(400㎖)

대파 흰 부분 1대

01 대파는 1cm 두께로 썰고, 감자는 사방 1cm 크기로 깍둑썰기 한다. 양파는 굵게 다진다.
02 냄비에 버터를 넣고 버터가 녹으면 대파와 양파를 넣어 중불에 노릇하게 볶는다.
03 02에 감자를 넣어 감자가 투명해질 때까지 볶는다.
04 03에 채소 국물을 붓고 10분간 약불로 끓여 한 김 식힌다.
05 04를 믹서에 넣어 곱게 간 뒤 냄비에 붓는다.
06 05에 생크림을 부어 한소끔 끓이고 소금으로 간한다.
07 장식용 대파는 가늘게 채 썰어 튀긴 후 키친타월로 기름기를 제거해 둔다.
08 수프를 그릇에 담고 튀긴 대파를 올려 장식한다.

+TIP
+ 파채를 튀길 때 체에 받친 채 기름에 튀기면 고른 색의 파채를 편하게 만들 수 있다.
+ 채소 국물 대신 시판 베지터블 스톡을 동량 사용해도 된다.

포슬포슬한 식감에 고소한 맛
구운 콜리플라워 수프

콜리플라워 1/2개(150g)
양파 1/4개(50g)
우유 1컵(200㎖)
올리브유 1큰술
소금 약간
후추 약간

닭 육수 1컵(200㎖)

다진 파슬리 약간

01 콜리플라워는 송이송이 떼어내고, 양파는 0.3cm 두께로 채 썬다.
02 끓는 물에 소금을 넣고 콜리플라워를 20초간 데친 후 체에 받쳐 물기를 뺀다.
03 오븐팬에 콜리플라워를 펼쳐 담고 소금, 후추, 올리브유를 뿌린다.
04 03을 180℃로 예열한 오븐에 20분간 앞뒤를 뒤집어가며 노릇하게 굽는다.
05 냄비에 닭 육수를 붓고 양파를 넣어 양파가 익을 때까지 중불로 끓인다.
06 믹서에 05와 오븐에 구운 콜리플라워를 넣고 곱게 간다.
    이때 장식용으로 올린 콜리플라워를 몇 개 남긴다.
07 냄비에 06과 우유를 붓고 약불에 한소끔 끓인다.
08 소금, 후추로 간하고 수프를 그릇에 담는다.
09 08에 오븐에 구운 콜리플라워와 다진 파슬리를 올려 장식한다.

+TIP
+ 오븐이 없다면 냄비에 올리브유를 두르고 콜리플라워와 양파를 넣어 노릇하게 볶은 뒤
  닭 육수를 넣고 끓인 다음 믹서에 간다.
+ 우유 대신 두유를 사용해도 된다.
+ 채소를 데칠 때 소금의 농도는 물의 1% 정도가 적당하다.
+ 닭 육수 대신 시판 치킨 스톡을 동량 사용해도 좋다.

구운 콜리플라워 수프 만드는 법

콜리플라워는 송이송이 떼어낸다.

양파는 0.3cm 두께로 채 썬다.

끓는 물에 소금을 넣고 콜리플라워를 20초간 데친 뒤 체에 밭쳐 물기를 뺀다.

믹서에 6과 구운 콜리플라워를 넣는다.

곱게 갈아 냄비에 다시 붓는다.

우유를 붓고 약불에 한소끔 끓인다.

오븐팬에 콜리플라워를 펼쳐 담고 소금, 후추, 올리브유를 뿌린다.

4를 180℃로 예열한 오븐에 20분간 앞뒤로 노릇하게 굽는다.

냄비에 닭 육수를 붓고 양파를 넣어 양파가 익을 때까지 중불로 끓인다.

소금으로 간한다.

후추를 뿌려준다.

잘 저어준뒤 수프를 그릇에 담는다.

살캉거리는 브로콜리가 담백한

브로콜리 치즈 수프

브로콜리 120g
양파 1/4개(50g)
당근 1/4개(50g)
버터 2큰술
밀가루 2큰술
콜비잭 치즈 3/4컵
너트맥 한 꼬집
소금 약간
후추 약간

닭 육수 2컵(400㎖)

콜비잭 치즈 적당량

01 브로콜리는 먹기 좋은 크기로 송이송이 떼어낸다.
02 양파와 당근은 사방 1cm 크기로 깍둑썰기 한다.
03 냄비에 버터를 넣고 녹으면 밀가루를 넣어 골고루 섞는다.
04 나무 주걱으로 3~4분간 타지 않도록 약불에 볶는다.
05 04에 닭 육수를 조금씩 부어가며 뭉치지 않도록 섞고 20분간 약불에 끓인다.
06 05에 당근, 양파, 브로콜리를 넣고 채소가 부드럽게 익을 때까지 약불에 끓인다.
07 06에 콜비잭 치즈의 반과 너트맥을 넣고 치즈가 녹으면 소금, 후추로 간한다.
08 수프를 그릇에 담고 나머지 콜비잭 치즈를 올린다.

+TIP
+ 부드러운 스타일의 수프를 원한다면 과정 06 다음에 믹서에 간다.
+ 콜비잭 치즈 대신 체다 치즈를 사용해도 된다.
+ 닭 육수 대신 시판 치킨 스톡을 동량 사용해도 좋다.

🍲 브로콜리 치즈 수프 만드는 법

1. 브로콜리는 송이송이 먹기 좋게 떼어낸다.

2. 양파는 사방 1cm 크기로 깍둑썰기 한다.

3. 당근도 양파와 같은 크기로 썬다.

7. 당근과 양파를 넣는다.

8. 브로콜리를 넣는다.

9. 채소가 부드럽게 익을 때까지 약불에 끓인다.

냄비에 버터를 넣고 녹으면 밀가루를 넣어 고루 섞는다.

나무 주걱으로 3~4분간 타지 않도록 약불에 볶는다.

5에 닭 육수를 조금씩 넣어가며 뭉치지 않게 골고루 섞은 후 20분간 약불에 끓인다.

콜비잭 치즈의 반을 넣는다.

너트맥을 넣는다.

치즈가 녹으면 소금, 후추로 간한다.

향긋한 버섯 향이 응축된
버섯 수프

표고버섯 2개(60g)
양송이버섯 4개(60g)
새송이버섯 1+1/2개(60g)
만가닥버섯 1/2줌(60g)
양파 1/2개(100g)
버터 2큰술
두유 3/4컵(150㎖)
생크림 1/4(50㎖)
소금 약간
후추 약간

닭 육수 1컵(200㎖)

크루통 적당량(p.238 참고)

01 표고버섯은 기둥을 떼어 0.3cm 두께로 썰고,
    양송이버섯은 모양을 살려 0.3cm 두께로 썬다.
02 새송이버섯도 0.3cm 두께로 썬다.
03 만가닥버섯은 밑동을 잘라 손으로 가닥가닥 떼어내고, 양파는 0.3cm 두께로 채 썬다.
04 냄비에 버터를 넣고 버터가 녹으면 양파를 넣어 중불에 노릇하게 볶는다.
05 04에 손질한 모든 버섯을 넣고 버섯에서 수분이 나올 때까지 볶은 다음
    닭 육수를 넣고 한소끔 끓인다.
06 05를 믹서에 곱게 간 뒤 냄비에 다시 붓는다.
07 06에 두유, 생크림을 부어 한소끔 끓이고 소금, 후추로 간한다.
08 수프를 그릇에 담고 크루통을 얹는다.

+TIP
+ 다양한 종류의 버섯을 사용해 보자. 버섯의 종류에 따라 다양한 맛의 버섯 수프를 즐길 수 있다.
+ 버섯 수프에 사용된 버섯을 노릇하게 구워 완성된 수프 위에 얹어 보자. 멋진 데코레이션은 물론 손님에게
  사용된 버섯의 종류도 알릴 수 있는 좋은 방법이다.
+ 닭 육수 대신 시판 치킨 스톡을 동량 사용해도 좋다.

🥣 버섯 수프 만드는 법

표고버섯은 기둥을 떼서 0.3cm 두께로 썬다.

양송이버섯은 모양을 살려 0.3cm 두께로 썬다.

새송이버섯도 0.3cm 두께로 썬다.

6에 손질한 모든 버섯을 넣고 버섯에서 수분이 나올 때까지 볶는다.

닭 육수를 넣고 한소끔 끓인다.

8을 믹서에 넣고 곱게 간 뒤 냄비에 다시 붓는다.

만가닥버섯은 밑동을 자르고 손으로 가닥가닥 떼어낸다.

양파는 0.3cm 두께로 채 썬다.

냄비에 버터를 녹이고 양파를 중불에 노릇하게 볶는다.

두유를 붓는다.

생크림을 붓는다.

한소끔 끓여 소금, 후추로 간한다.

뭉근하게 익힌 채소의 진한 풍미
모둠 채소 수프

양배추 1/8통(100g)
감자 1/2개(80g)
당근 1/4개(50g)
양파 1/4개(50g)
줄기콩 8줄기(50g)
팽이버섯 1/4봉(40g)
방울토마토 5개
소시지 1개
소금 약간
후추 약간

닭 육수 2컵(400㎖)

파슬리 적당량

01　양배추는 가로 1cm, 세로 2cm로 자르고, 감자, 당근, 양파는 사방 1cm 크기로 깍둑썰기 한다.
02　방울토마토는 반으로 자르고, 소시지는 1cm 두께로 어슷하게 썬다.
03　팽이버섯은 밑동을 제거한 후 길이로 반 자르고, 줄기콩은 2cm 길이로 썬다.
04　냄비에 닭 육수를 붓고 한소끔 끓인다.
05　04에 손질한 채소와 소시지를 넣고 약 15~20분간 채소가 익을 때까지 약불에 끓인다.
06　소금, 후추로 간하고 그릇에 담아 파슬리를 올린다.

+TIP
+ 냉장고에 있는 자투리 채소 활용에 좋은 수프다.
+ 닭 육수 대신 시판 치킨 스톡을 동량 사용해도 좋다.

모둠 채소 수프 만드는 법

양배추는 가로 1cm로 자른다.

1을 세로 2cm로 자른다.

감자는 사방 1cm 크기로 깍둑썰기 한다.

소시지는 1cm 두께로 어슷하게 썬다.

팽이버섯은 길이로 반 자른다.

줄기콩은 2cm 길이로 썬다

당근은 감자와 같은 크기로 깍둑썰기 한다.

양파는 감자와 같은 크기로 깍둑썰기 한다.

방울토마토는 반으로 자른다.

냄비에 닭 육수를 붓고 한소끔 끓인다.

손질한 채소와 소시지를 넣는다.

채소가 익을 때까지 15~20분간 약불에 끓인 뒤 소금, 후추로 간한다.

오이 냉수프

아보카도 냉수프

오이 냉수프 만드는 법

오이는 한입 크기로 썬다.

마늘은 굵게 다진다.

믹서에 오이, 요구르트를 넣는다.

마늘을 넣는다.

민트를 넣는다.

곱게 간 뒤 소금으로 간한다.

청량감이 느껴지는 새콤 상큼한
오이 냉수프

오이 2개(250g)
플레인 요구르트 150g
민트 2g
마늘 ⅓작은술
소금 약간

오이 3cm
민트 적당량
엑스트라버진 올리브유 1큰술

01 오이는 깨끗이 씻어 껍질째 한입 크기로 자른다.
02 마늘은 굵게 다진다.
03 믹서에 오이, 요구르트, 마늘, 민트를 넣어 곱게 간다.
04 소금으로 간한다.
05 장식용 오이는 0.2cm 두께로 썬다.
06 수프를 그릇에 담고 올리브유를 한 바퀴 두른 후 장식용 오이와 민트를 얹는다.

+TIP
+ 플레인 요구르트 대신 그릭 요거트를 사용해도 된다.
+ 취향에 따라 레몬즙 1작은술을 넣어도 좋다.

🍚 아보카도 냉수프 만드는 법

아보카도는 세로로 깊숙이 칼집을 넣은 뒤 손으로 돌려 반을 가른 다음 칼끝으로 씨를 찍어 빼낸다.

1의 껍질을 벗겨 큼직하게 썬다.

믹서에 채소 국물, 두유를 넣는다.

레몬즙을 넣는다.

아보카도를 넣고 곱게 간다.

5를 냄비에 다시 붓고 약불에 한소끔 끓인다. 소금, 후추로 간한 뒤 차갑게 식힌다.

고소하고 산뜻한 맛이 듬뿍
아보카도 냉수프

아보카도 1/2개
두유 1컵
레몬즙 1/2작은술
소금 약간
후추 약간

채소 국물 1/2컵(100㎖)

꿀 1큰술

01 아보카도는 반으로 갈라 씨를 빼고 껍질을 벗겨 큼직하게 썬다.
02 믹서에 채소 국물, 두유, 레몬즙, 아보카도를 넣고 곱게 간다.
03 냄비에 02를 다시 붓고 약불에 한소끔 끓인다.
04 소금, 후추로 간을 한 후 차갑게 식힌다.
05 그릇에 수프를 담고 꿀을 뿌려 완성한다.

+TIP
+ 아보카도 냉수프는 따뜻하게 먹어도 좋다.
+ 두유 대신 우유를 사용해도 된다.
+ 채소 국물 대신 시판 베지터블 스톡을 동량 사용해도 된다.

달콤한 과육을 듬뿍 올린 디저트 수프
모둠 과일 냉수프

망고 ½개
믹스베리 100g
메론 100g
나타드코코 ½컵
코코넛 밀크 ¾컵(150㎖)
우유 ¾컵(150㎖)
설탕 1큰술

민트 약간
바닐라아이스크림 2스쿱

01 망고, 메론은 껍질을 벗기고 사방 2cm 크기로 깍둑썰기 한다.
02 냄비에 코코넛 밀크, 우유, 설탕을 넣고 중불에 한소끔 끓인다.
03 02를 차갑게 식힌다.
04 그릇에 03을 담는다.
05 04에 과일과 나타드코코를 골고루 올린다.
06 05에 아이스크림을 올리고 민트로 장식한다.

+TIP
+ 과일은 신선한 제철 과일을 쓰는 게 좋지만 다양한 종류의 냉동 과일을 활용해도 된다.
+ 나타드코코는 코코넛에 들어 있는 과즙을 발효시켜 젤리 타입으로 만든 것으로 인터넷을 통해 구입하거나 프루트칵테일 통조림 안에 들어 있는 것을 사용하면 된다.

🥣 모둠 과일 냉수프 만드는 법

망고는 가운데 씨를 피해 껍질째 3등분 한다.

과육에 가로 3줄, 세로 5줄 정도의 칼집을 낸다.

껍질을 뒤집어 과육만 발라낸다.

껍질을 벗긴다.

적당한 크기로 썬다.

냄비에 코코넛 밀크를 넣는다.

멜론은 반을 가른다.

길이대로 8등분 한다.

숟가락으로 씨를 긁어낸다.

우유, 설탕을 넣고 중불에 한소끔 끓인다.

10을 차갑게 식힌다.

과일과 나타드코코를 골고루 넣은 뒤 아이스크림을 올리고 민트로 장식한다.

은은한 사과 향에 빵을 넣어 든든한
사과 냉수프

사과 1개(300g)
마늘 1쪽
버터 30g
바게트 슬라이스 2장(20g)
황설탕 1작은술
시나몬 파우더 1/2작은술
우유 1컵(200㎖)
소금 약간
후추 약간

채소 국물 1컵(200㎖)

시나몬 파우더 적당량
사과 적당량

01 사과는 껍질을 벗겨 반으로 썰어 8등분 하고 씨 부분은 제거한다.
02 바게트 슬라이스는 팬에 노릇하게 구워 버터를 앞뒤로 바른다.
통마늘을 반으로 잘라 그 단면으로 바게트 양면을 문지른다.
03 냄비에 남은 버터(20g)를 넣어 녹으면 사과를 넣고 사과가 투명해질 때까지
중불에 볶는다.
04 03에 황설탕, 시나몬 파우더를 넣고, 소금과 후추를 각각 한 꼬집씩 넣는다.
05 04에 채소 국물과 02를 넣고 사과가 푹 익을 때까지 약 15분간 중불에 끓인다.
06 05를 믹서에 넣어 곱게 간 후 냄비에 붓는다.
07 06에 우유를 붓고 한소끔 끓인 후 소금, 후추로 간한다.
08 수프를 차갑게 식혀 그릇에 담은 뒤 시나몬 파우더를 뿌리고,
사과를 얇게 채 썰어 올린다.

+TIP
+ 사과 냉수프는 식히지 않고 따뜻한 상태로 즐겨도 맛있다.
+ 바게트 슬라이스 대신 식빵을 사용해도 된다.
+ 채소 국물 대신 시판 베지터블 스톡을 동량 사용해도 된다.

사과 냉수프 만드는 법

사과는 껍질을 벗겨 4등분 한다.

씨를 제거한다.

다시 반으로 가른다.

사과가 투명해질 때까지 중불에 볶다가 황설탕을 넣는다.

시나몬 파우더, 소금, 후추를 넣는다.

채소 국물을 넣는다.

바게트 슬라이스는 팬에 노릇하게 구워 버터를 앞뒤로 바른다.

통마늘을 반으로 잘라 그 단면으로 바게트 양면을 문지른다.

냄비에 버터를 녹이고 손질한 사과를 넣는다.

5의 바게트 슬라이스를 넣고 사과가 푹 익을 때까지 끓인다.

10을 믹서에 넣어 곱게 간 후 냄비에 붓고 우유를 넣어 한소끔 끓인 다음 소금, 후추로 간한다.

복숭아를 통째로 갈아 넣은 새콤달콤
복숭아 냉수프

복숭아 1개(240g)
생크림 ½컵(100㎖)
플레인 요구르트 50g
레몬즙 1큰술

채소 국물 ¼컵(50㎖)

복숭아 적당량
꿀 적당량
민트 1잎

01 복숭아는 식초나 베이킹파우더를 푼 물에 5분간 담근 후 부드러운 수세미로 흐르는 물에 문질러 잔털을 제거한다.
02 01의 복숭아는 8등분 해 과육과 씨를 분리한다.
03 장식용으로 복숭아 한 조각을 사방 0.5cm 크기로 깍둑썰기 한다.
04 나머지 복숭아와 생크림, 요구르트, 채소 국물, 레몬즙을 믹서에 넣고 곱게 간다.
05 냉장고에 넣어둔 차가운 그릇에 04를 담는다.
06 05에 꿀을 뿌리고 03의 복숭아와 민트를 얹는다.

+TIP
+ 복숭아의 껍질에는 많은 영양소가 들어 있으므로 껍질째 사용하도록 한다.
+ 채소 국물 대신 시판 베지터블 스톡을 동량 사용해도 된다.

복숭아 냉수프 만드는 법

복숭아는 식초나 베이킹파우더를 푼 물에 담근 후 부드러운 수세미로 문질러 잔털을 제거한다.

1의 복숭아를 8등분 한다.

믹서에 복숭아와 생크림, 요구르트를 넣는다.

채소 국물을 넣는다.

레몬즙을 넣는다.

곱게 간다.

SOUP

복숭아 냉수프 활용 젤리

재료(2인분)
복숭아 수프 1+1/2컵(300㎖), 복숭아 20g, 가루 젤라틴 10g, 찬물 1/4컵(50㎖), 민트 적당량, 꿀 적당량

1 복숭아는 깨끗하게 씻어 사방 0.5cm 크기로 깍둑썰기 한다. **2** 볼에 찬물을 담고 젤라틴을 넣어 푼 뒤 15분간 불린다. **3** 냄비에 복숭아 수프, **1**을 넣어 섞고 중불에 올려 따뜻해지면 불을 끄고 **2**를 넣어 골고루 섞는다. **4** 그릇에 **3**을 붓고 냉장고에서 최소 5시간 동안 굳힌다. **5** 냉장고에서 그릇을 꺼내 꿀을 두르고 민트를 얹는다.

+TIP
+ 판젤라틴을 사용할 경우에는 판젤라틴 13g을 얼음물에 담궈 불린 후 손으로 짜서 물기를 뺀 후 사용한다.
+ 젤라틴을 단단하게 굳히기 위해서 복숭아 수프가 너무 뜨겁지 않은 상태에서 젤라틴을 넣는 것이 좋다.
+ 젤리를 틀에 부었을 경우에는 미지근한 물에 틀을 잠시 담가두면 젤리를 손쉽게 뺄 수 있다.

03
GRAIN SOUP
곡물 수프

곡물 수프는 한 가지 곡물 또는 여러 가지 곡물을 뭉근하게 푹 끓여 담백하면서도 고소하고, 은은한 단맛이 난다. 콩으로 만든 수프는 건더기 없이 곱게 갈아 부드러운 죽처럼 먹어도 좋고, 맑게 끓여 구수하게 삶은 콩을 국물과 함께 떠먹어도 맛있다.

옥수수 알갱이가 씹혀 더 달콤한
옥수수 냉수프

통조림 옥수수 1캔(280g)
버터 2큰술
중력분 2큰술
생크림 1컵(200㎖)
우유 2컵(400㎖)
소금 약간
후추 약간

다진 파슬리 약간

01 통조림 옥수수는 뜨거운 물을 붓고 체에 밭쳐 물기를 뺀다.
02 냄비에 버터를 넣고 버터가 녹으면 장식용으로 사용할 옥수수 1/5을 남겨놓고 나머지 옥수수를 중불에 볶는다.
03 전체적으로 버터가 섞이면 약불로 줄이고 중력분을 넣어 뭉치지 않도록 나무 주걱으로 골고루 섞으며 볶는다.
04 03에 우유를 조금씩 넣어가며 뭉치지 않도록 섞어 한소끔 끓인다.
05 04를 믹서에 곱게 간 후 냄비에 다시 붓는다.
06 05에 생크림, 우유, 남겨둔 옥수수를 넣어 약불에 한소끔 끓인다.
07 소금, 후추로 간하고 차갑게 식힌다.
08 완성된 수프를 그릇에 담고 다진 파슬리를 뿌린다.

+TIP

+ 옥수수 냉수프는 따뜻하게 먹어도 좋다.
+ 옥수수가 제철인 여름에는 찐 옥수수로 냉수프를 만들어 보자. 옥수수 알갱이를 뗄 때 찐 옥수수를 2~3토막으로 잘라 세로로 세우고 심을 중심으로 칼로 알갱이 부분을 잘라내면 쉽다. 찐 옥수수를 사용할 경우에는 우유의 양을 1/2컵(100㎖) 늘린다.

옥수수 냉수프 만드는 법

1. 통조림 옥수수는 뜨거운 물을 부은 뒤 체에 밭쳐 물기를 뺀다.

2. 냄비에 버터를 넣고 버터가 녹으면 장식용 옥수수를 남기고 나머지 옥수수를 중불에 볶는다.

3. 버터가 고루 섞이면 약불로 줄이고 중력분을 넣는다.

7. 곱게 간 후 냄비에 다시 붓는다.

8. 7에 생크림, 우유를 넣는다.

9. 남겨둔 옥수수를 넣어 약불에 한소끔 끓인다.

가루가 뭉치지 않게 골고루 섞으며 볶는다.

4에 우유를 조금씩 넣어가며 뭉치지 않도록 섞어 한소끔 끓인다.

5를 한 김 식혀 믹서에 넣는다.

옥수수 알갱이가 고루 섞이도록 잘 저어준다.

소금으로 간한다.

후추를 뿌린 뒤 차갑게 식힌다.

리코타 치즈를 올린 구수한
완두콩 냉수프

완두콩 200g
대파 1대(50g)
버터 10g
밥 25g
우유 3/4컵(150㎖)
생크림 1/4컵(50㎖)
소금 약간
후추 약간

채소 국물 1컵(200㎖)

리코타 치즈 30g

01 완두콩을 깨끗이 씻어 끓는 소금물에 색이 선명해질 때까지 삶은 후 체에 밭쳐 물기를 뺀다. 장식에 사용할 완두콩 10알을 빼놓는다.
02 대파는 0.5cm 두께로 썬다.
03 냄비에 버터를 넣고 버터가 녹으면 대파를 넣어 노릇하게 볶는다.
04 03에 완두콩을 넣어 볶다가 채소 국물과 밥을 넣고 뚜껑을 덮어 완두콩이 푹 익을 때까지 약불에 끓인다.
05 04를 믹서에 넣어 곱게 간 후 냄비에 다시 붓는다.
06 05에 우유와 생크림을 붓고 한소끔 끓인 후 소금, 후추로 간한다.
07 수프를 차갑게 식힌 후 그릇에 담고, 완두콩과 리코타 치즈를 올려 장식한다.

+ TIP

+ 통조림 완두콩을 사용할 경우에는 끓는 소금물에 30초간 데쳐서 사용한다.
+ 소금물의 소금 농도는 1% 정도가 적당하다.
+ 리코타 치즈는 집에서도 손쉽게 만들 수 있다. 냄비에 우유 200㎖, 생크림 100㎖, 소금 한 꼬집을 넣고 중불에 끓인다. 냄비 가장자리에 기포가 생기기 시작하면 불을 끄고 레몬즙 1큰술을 넣어 가볍게 섞어서 엉기게 만든 뒤 실온에 10분간 둔다. 면보에 내려 수분을 빼고 면보를 꼭꼭 눌러 감싸 무거운 그릇으로 눌러 냉장고에서 하루 동안 굳힌다.
+ 채소 국물 대신 시판 베지터블 스톡을 동량 사용해도 된다.

🍚 완두콩 냉수프 만드는 법

소금물에 완두콩을 삶은 후 체에 밭쳐 물기를 뺀다.

대파는 0.5cm 두께로 썬다.

냄비에 버터를 녹이고 대파를 넣어 노릇하게 볶는다.

밥을 넣고 뚜껑을 덮어 완두콩이 푹 익을 때까지 약불에 끓인다.

7을 믹서에 넣어 곱게 간다.

8을 다시 냄비에 붓고 우유를 넣는다.

3에 완두콩을 넣는다.

노릇하게 볶는다.

채소 국물을 넣는다.

생크림을 넣는다.

잘 저어주며 한소끔 끓인다.

소금, 후추로 간한다.

견과류 수프

검은깨 찹쌀 수프

🥣 견과류 수프 만드는 법

냄비에 채소 국물을 붓고, 준비한 견과류를 넣어 센 불에 끓인다.

1이 끓어오르면 중불로 줄이고 5분간 끓인다.

2를 한 김 식혀 믹서에 넣는다.

곱게 간다.

4를 다시 냄비에 붓고, 두유를 넣어 한소끔 끓인다.

불을 끄고 소금, 후추로 간한다.

고소한 맛과 향이 일품인
견과류 수프

호두 10g
아몬드 15g
해바라기씨 10g
캐슈너트 15g
두유 1컵(200㎖)
소금 약간
후추 약간

채소 국물 1컵(200㎖)

꿀 적당량
견과류 적당량

01 냄비에 채소 국물을 붓고 호두, 아몬드, 해바라기씨, 캐슈너트를 넣어 센 불에 끓이다가 끓어오르면 중불로 줄이고 5분간 끓인다.
02 01을 믹서에 부어 곱게 간 후 냄비에 다시 붓는다.
03 02에 두유를 넣고 한소끔 끓인다.
04 불을 끄고 소금, 후추로 간한다.
05 수프를 그릇에 담고 꿀과 견과류를 올린다.

+TIP

+ 두유 대신 우유를 사용해도 좋다.
+ 견과류는 볶은 것을 사용하되 집에 있는 다양한 견과류를 사용하거나 한 가지 견과류를 사용해도 된다.
+ 견과류 수프는 차갑게 식혀 음료수처럼 마실 수 있는 냉수프로 먹어도 맛있다.
+ 채소 국물 대신 시판 베지터블 스톡을 동량 사용해도 된다.

검은깨 찹쌀 수프 만드는 법

찹쌀은 깨끗이 씻어 물에 불린다.

냄비에 우유와 찹쌀을 넣고 센 불에 끓인다.

2가 끓어오르면 찹쌀이 부드러워질 때까지 저으며 끓인다.

3과 검은깨를 믹서에 넣는다.

설탕을 넣는다.

곱게 간 뒤 소금 한 꼬집을 넣어 섞는다.

입에서 살살 녹는 은은한 단맛
검은깨 찹쌀 수프

검은깨 4+¹/₂큰술(36g)
찹쌀 ¹/₂컵(100g)
우유 2컵(400㎖)
설탕 1+¹/₂큰술
소금 약간

꿀 적당량
견과류 적당량
(해바라기씨, 호박씨,
아몬드 슬라이스)

01 찹쌀은 깨끗이 씻어 물에 반나절 동안 불린다.
02 냄비에 우유와 찹쌀을 넣고 센 불에 끓인다.
03 02가 끓어오르면 찹쌀이 부드러워질 때까지 저어가며 중불에 끓인다.
04 03과 검은깨, 설탕을 믹서에 넣고 곱게 간다.
05 04에 소금 한 꼬집을 넣어 섞는다.
06 수프를 그릇에 담고 꿀을 뿌린 후 견과류를 얹는다.

+TIP
+ 설탕의 양은 취향에 따라 조절한다.
+ 견과류 대신 밤조림을 올려도 잘 어울린다.

담백하고 구수한 맛을 살린
렌틸콩 수프

렌틸콩 ¹/₄컵(50g)
마늘 1쪽
중력분 1큰술
버터 1큰술
소금 약간
후추 약간

채소 국물 2+¹/₂컵(500㎖)

크루통 적당량(p.238 참고)
베이컨칩 적당량(p.237 참고)

01 렌틸콩은 깨끗이 씻은 뒤 체에 밭쳐 물기를 뺀다.
02 마늘은 0.5cm 두께로 썬다.
03 냄비에 렌틸콩과 마늘을 넣고 채소 국물을 부어 센 불에 끓인다.
04 끓어오르면 중불로 줄이고 렌틸콩이 뭉개질 때까지 끓인 후 한 김 식힌다.
05 04를 믹서에 부어 곱게 간다.
06 다른 냄비에 버터를 넣고 녹으면 중력분을 넣어 섞는다.
약불에 나무 주걱으로 갈색이 될 때까지 볶아 루를 만든다.
07 06에 05를 넣고 한소끔 끓인 후 소금, 후추로 간한다.
08 수프를 그릇에 담고 베이컨칩과 크루통을 얹는다.

+TIP
+ 렌틸콩은 노란색, 붉은색, 녹색, 갈색, 검은색 등 다양한 색깔이 있지만, 식감을 위해서는 녹색이나 갈색 렌틸콩을 사용하는 게 낫다.
+ 채소 국물 대신 시판 베지터블 스톡을 동량 사용해도 된다.

🍲 렌틸콩 수프 만드는 법

렌틸콩은 깨끗이 씻은 뒤 체에 밭쳐 물기를 뺀다.

마늘은 0.5cm 두께로 편 썬다.

냄비에 렌틸콩과 마늘을 넣는다.

다른 냄비에 버터를 넣는다.

버터가 녹으면 중력분을 넣어 섞는다.

약불에 나무 주걱으로 젓는다.

채소 국물을 부어 센 불에 끓인다.

끓어오르면 중불로 줄이고 렌틸콩이 뭉개질 때까지 끓인 후 한 김 식혀 믹서에 넣는다.

곱게 간다.

갈색이 될 때까지 볶아 루를 만든다.

10에 6을 넣고 한소끔 끓인다.

소금, 후추로 간한다.

영양 가득한 콩 건더기가 듬뿍
믹스빈 수프

병아리콩 25g
강낭콩 25g
까넬리니 콩 25g
볼로티 콩 25g
양파 1/4개(50g)
마늘 1쪽
월계수 잎 1장
로즈마리 1줄기
올리브유 1/2큰술
소금 약간
후추 약간

닭 육수 2컵(400㎖)

파마산 치즈 적당량

01 콩은 통조림에서 꺼내 뜨거운 물을 끼얹은 후 체에 밭쳐 물기를 뺀다.
02 양파는 0.3cm 두께로 썰고, 마늘은 다진다.
03 냄비에 올리브유를 두르고 양파를 넣어 중불에 노릇하게 볶는다.
04 03에 마늘을 넣고 마늘 향이 날 때까지 볶다가 닭 육수, 콩, 월계수 잎, 로즈마리를 넣고 약불에 끓인다.
05 04가 끓어오르면 뚜껑을 덮은 뒤 10분간 더 끓인다.
06 소금, 후추로 간하고 월계수 잎과 로즈마리를 꺼낸다.
07 수프를 그릇에 담고 파마산 치즈를 뿌린다.

+TIP

+ 시판되는 다양한 종류의 통조림 제품을 사용해 보자. 사용되는 통조림 콩에 따라 다양한 맛의 믹스빈 수프를 즐길 수 있다.
+ 올리브유 대신 베이컨 1줄을 1cm 길이로 잘라 냄비에 넣어 볶다가 꺼내 치킨타월에 올려 기름기를 빼 베이컨칩을 만들고, 냄비에 남아 있는 베이컨 기름을 활용해 수프를 만들어도 된다.
+ 닭 육수 대신 시판 치킨 스톡을 동량 사용해도 좋다.

🥣 믹스빈 수프 만드는 법

콩은 뜨거운 물을 끼얹은 후 체에 밭쳐 물기를 뺀다.

양파는 0.3cm 두께로 썬다.

마늘은 다진다.

콩을 넣는다.

월계수 잎과 로즈마리를 넣고 약불에 끓인다.

8이 끓어오르면 뚜껑을 덮은 뒤 10분간 더 끓인다.

냄비에 올리브유를 두르고 양파, 마늘을 넣는다.

노릇하게 볶다가 닭 육수를 붓는다.

닭 육수를 적당하게 붓고 끓인다.

콩이 잘 익었는지 확인한다.

소금, 후추로 간하고 월계수 잎과 로즈마리를 꺼낸다.

04

SEAFOOD SOUP

해산물 수프

시원하고 감칠맛 나는 국물이
일품인 해산물 수프는
화이트 와인과 잘 어울리는데,
해물을 볶을 때 화이트 와인을
넣으면 비린 맛을 잡아주고,
와인의 산미가 해물의
달짝지근한 맛을 살려 준다.
딜, 바질과 같은 허브를 넣으면
풍미가 한층 더 살아난다.

태국 고추와 타바스코로 매콤한 맛을 살린
오징어 토마토 수프

오징어 1마리
손질된 대하 4마리
양파 1/2개(100g)
태국 홍고추 2개
홀토마토 통조림 200g
화이트 와인 1큰술
올리브유 1큰술
황설탕 1/3작은술
타바스코 소스 1작은술
소금 약간
후추 약간

닭 육수 1+1/2컵(300㎖)

파마산 치즈 적당량
바질 3장

01 오징어는 껍질을 벗기고 몸통의 모양을 살려 1cm 두께로 썬다.
02 양파는 0.5cm 두께로 썰고 태국 홍고추는 반을 자른다.
03 냄비에 올리브유를 두르고 양파를 넣어 중불에 노릇하게 볶는다.
04 03에 태국 고추, 오징어, 대하를 넣고 볶다가 오징어가 불투명해지기 시작하면 화이트 와인을 넣고 센 불에 볶는다.
05 04에 홀토마토를 넣어 주걱으로 으깬 뒤 황설탕, 닭 육수를 넣어 섞고 가끔씩 저어가며 30분 동안 약불에 끓인다.
06 05에 타바스코 소스를 넣고 소금, 후추로 간한다.
07 수프를 그릇에 담고 파마산 치즈를 뿌린 후 바질을 올린다.

+TIP
+ 홀토마토는 토마토의 과육 외에 즙도 함께 사용한다.
+ 홀토마토를 주걱으로 으깨기 어렵다면 냄비에 넣기 전에 굵게 다지거나 손으로 으깨서 넣는다.
+ 닭 육수 대신 시판 치킨 스톡을 동량 사용해도 좋다.
+ 대하는 머리와 꼬리를 남기고 껍질을 벗겨 이쑤시개로 내장을 제거한 뒤 조리한다.

🍲 오징어 토마토 수프 만드는 법

1. 오징어는 껍질을 벗기고 1cm 두께로 둥글게 썬다.

2. 양파는 0.5cm 두께로 썬다.

3. 태국 고추는 반 자른다.

7. 대하를 넣어 볶는다.

8. 오징어가 투명해지기 시작하면 화이트 와인을 넣고 센 불에 볶는다.

9. 홀토마토를 넣는다.

냄비에 올리브유를 두르고 양파를 노릇하게 볶는다.

태국 고추를 넣어 같이 볶는다.

오징어를 넣는다.

홀토마토를 주걱으로 으깬다.

황설탕, 닭 육수를 넣고 잘 저어가며 30분간 약불에 끓인다.

타바스코 소스를 넣고 소금, 후추로 간한다.

큼직한 새우 완자와 담백한 국물
새우 완탕 수프

손질된 대하 10마리(150g)
달걀흰자 1/2큰술
목이버섯 20g
소금 1/3작은술
생강즙 1작은술
전분 1/2큰술
청경채 2포기
녹두 당면 100g
소금 약간
후추 약간

닭 육수(시판 큐브형) 3컵 (600㎖)

01 청경채는 3cm 길이로 썰고 목이버섯은 물에 1시간 정도 불린 뒤 손으로 꾹 짜서 수분을 제거하고 굵게 다진다.
02 녹두 당면은 미지근한 물에 20분간 담가두었다가 끓는 물에 3분간 삶는다. 찬물에 깨끗이 헹구고 체에 밭쳐 물기를 뺀다.
03 믹서에 새우, 목이버섯, 소금, 생강즙, 달걀흰자, 전분을 넣고 곱게 간다.
04 03을 꺼내 볼에 담고 손으로 끈기가 생기도록 치댄 다음 8등분 해 새우 완자를 빚는다.
05 냄비에 닭 육수를 붓고 센 불에 올려 한소끔 끓어오르면 새우 완자를 넣는다.
06 다시 끓어오르면 약불로 줄이고 거품을 걷으며 5분간 더 끓인다.
07 06에 청경채와 녹두 당면을 넣고 30초간 끓인 후 소금, 후추로 간한다.
08 완성된 수프를 그릇에 담는다.

+TIP
+ 녹두 당면 대신 밥을 넣으면 한 끼 식사로도 거뜬한 새우 완탕 수프가 된다.
+ 손에 반죽이 자꾸 달라붙는다면 올리브유를 손에 살짝 바른 뒤 완자를 빚는다.
+ 새우(대하)는 머리와 꼬리를 떼고 껍질과 내장을 제거한 뒤 조리한다.

새우 완탕 수프 만드는 법

1. 청경채는 3cm 길이로 썬다.

2. 목이버섯은 굵게 다진다.

3. 녹두 당면은 미지근한 물에 20분간 불렸다가 끓는 물에 삶는다.

7. 전분을 넣는다.

8. 곱게 간 뒤 볼에 담고 손으로 끈기가 생기도록 치댄다.

9. 8의 반죽을 8등분 해 새우 완자를 빚는다.

3을 찬물에 깨끗이 헹구고 체에 밭쳐 물기를 뺀다.

믹서에 새우, 목이버섯, 소금, 생강즙을 넣는다.

달걀흰자를 넣는다.

냄비에 닭 육수를 넣고 한소끔 끓어오르면 새우 완자를 넣는다.

다시 끓어오르면 약불로 줄이고 거품을 걷으며 5분간 더 끓인 뒤 청경채와 녹두 당면을 넣는다.

30초간 끓인 뒤 소금, 후추로 간한다.

SOUP +

오징어 토마토 수프 활용 토르티야 피자

재료(12인치 피자 1개 분량)
오징어 토마토 수프 1/2컵(100㎖), 토르티야 12인치 1장, 토마토 페이스트 1큰술, 모차렐라 치즈 적당량, 바질 적당량, 후추 약간, 올리브유 적당량

1 오징어 토마토 수프의 해산물은 따로 건져 준비한다. **2** 오징어 토마토 수프의 국물은 토마토 페이스트와 함께 냄비에 넣고 끓여 소스를 만든다. **3** 토르티야 위에 **2**의 소스를 바르고 **1**의 해산물을 올린다. **4 3**에 모차렐라 치즈를 뿌리고 바질을 얹는다. **5** 200℃로 예열한 오븐에 10~12분간 노릇하게 굽는다. **6** 오븐에서 꺼내 올리브유를 두르고 후추를 뿌린다.

+TIP
+ 파마산 치즈를 곁들여도 잘 어울린다.

SOUP

새우 완탕 수프 활용 누룽지탕

재료(2인분)
새우 완탕 수프 2컵(400㎖), 찹쌀 누룽지 4조각, 녹말물 1~2큰술, 굴소스 1작은술, 참기름 1작은술

1 새우 완탕 수프는 녹두 당면을 제거하고 준비한다. **2** 180℃의 기름에 누룽지를 튀긴다. **3** 냄비에 새우 완탕 수프를 붓고 굴소스를 넣어 중불에 끓인다. **4** 한소끔 끓으면 녹말물을 넣고 농도를 만든 후 참기름을 넣는다. **5** 그릇에 튀긴 누룽지를 담고 **4**를 붓는다.

+TIP
+ 오징어, 새우, 목이버섯 등을 함께 곁들이면 건더기가 풍성한 누룽지탕을 만들 수 있다.
+ 취향에 따라 고추기름 1작은술을 곁들여도 좋다.

바지락 양파 수프

대합 감자 수프

🍲 바지락 양파 수프 만드는 법

양파는 반으로 잘라 4등분 한다.

냄비에 올리브유를 두르고 양파를 넣어 양파가 투명해질 때까지 볶는다.

바지락을 넣고 볶는다.

해산물 국물을 넣고 약 5분간 끓인다.

우유를 넣는다.

파마산 치즈가루를 넣고 한소끔 끓인 뒤 소금, 후추로 간한다.

시원한 바지락과 달큰한 양파의 조합
바지락 양파 수프

바지락 1/2봉(100g)
양파 1/2개(100g)
우유 1컵(200㎖)
파마산 치즈 가루 30g
올리브유 1/2큰술
소금 약간
후추 약간

해산물 국물 1+1/2컵
(300㎖)

다진 파슬리 약간

01 바지락은 깨끗이 씻어 체에 밭쳐 물기를 뺀다.
02 양파는 반으로 잘라 4등분 한다.
03 냄비에 올리브유를 두르고 양파를 넣어 양파가 투명해질 때까지 볶는다.
04 03에 바지락을 넣어 볶다가 해산물 국물을 붓고 5분 동안 중불에 끓인다.
05 04에 우유, 파마산 치즈 가루를 넣고 한소끔 끓인다.
06 소금, 후추로 간한다.
07 수프를 그릇에 담고 다진 파슬리를 뿌린다.

+TIP
+ 해감되지 않은 바지락을 구입한 경우, 볼에 바지락을 넣고 바지락이 푹 잠길 정도의 소금물(3%)을 부은 뒤 검은 봉지나 쿠킹 포일을 씌워 1시간 동안 둔다. 바지락이 불순물을 뱉어 내면 깨끗하게 씻어 사용한다.
+ 조개류는 너무 오래 삶으면 근육이 수축되어 질겨지므로 주의한다.
+ 해산물 국물 대신 시판 시푸드 스톡을 동량 사용해도 된다.

🍲 대합 감자 수프 만드는 법

감자는 껍질을 벗기고 4등분 한다.

냄비에 닭 육수를 붓고 대합이 입을 벌릴 때까지 끓인다.

대합을 건지고 살을 발라낸다.

3의 국물에 감자를 넣고 뚜껑을 덮은 뒤 감자가 익을 때까지 끓인다.

대합살을 넣는다.

피시소스를 넣어 간을 보고 필요하다면 소금, 후추를 첨가한다.

쫄깃한 조갯살이 한가득
대합 감자 수프

대합 300g
감자 1개(160g)
피시소스 ½큰술
소금 약간
후추 약간

닭 육수(시판 큐브형)
2+½컵(500㎖)

고수 적당량
버터 2작은술

01 대합은 깨끗이 씻은 뒤 체에 밭쳐 물기를 뺀다.
02 감자는 반으로 자르고 4등분 한다.
03 냄비에 닭 육수를 붓고 대합을 넣어 대합이 입을 벌릴 때까지 거품을 걷으며 끓인다.
04 대합을 건지고 살을 발라낸 후 대합살의 크기가 클 경우에는 한입 크기로 자른다.
05 03의 냄비에 감자를 넣고 뚜껑을 덮은 후 감자가 익을 때까지 중불에 끓인다.
06 05에 04의 대합살과 피시소스를 넣고 간을 본다.
    필요하다면 소금, 후추로 첨가한다.
07 수프를 그릇에 담고 버터를 얹은 후 고수를 손으로 뜯어 올린다.

+TIP
+ 대합 대신 모시조개, 바지락 등을 사용해도 된다.
+ 피시소스가 없을 경우 멸치 액젓 ⅓큰술을 쓰면 된다.

구운 연어와 크루통을 얹은
연어 수프

연어 200g
감자 1/2개(80g)
당근 1/2개(100g)
대파 1대
마늘 1쪽
올리브유 1큰술
화이트 와인 1/4컵(50㎖)
소금 약간
후추 약간

채소 국물 1+1/2컵(300㎖)

딜 2줄기
크루통 적당량(p.238 참고)

01 연어는 한입 크기로 자르고 소금, 후추를 뿌려 밑간한다.
02 감자는 사방 1.5cm 크기로 깍둑썰기 하고 당근, 대파는 0.5cm 두께로 썬다.
03 마늘은 다지고 딜은 잎을 떼어 낸다.
04 냄비에 올리브유를 두르고 대파, 마늘을 넣어 향이 날 때까지 볶다가 당근, 감자를 넣고 채소가 투명해질 때까지 중불에 볶는다.
05 04에 연어를 넣고 화이트 와인을 부어 연어의 겉면이 익을 때까지 중불에 볶는다.
06 05에 채소 국물을 붓고 한소끔 끓이다가 약불로 줄이고 30분 동안 끓여 한 김 식힌다.
07 장식에 사용할 연어 3~4조각을 빼놓고 06을 믹서에 곱게 간 후 소금, 후추로 간한다.
08 수프를 그릇에 담고 크루통과 연어, 딜 잎을 올린다.

+TIP
+ 연어를 오래 구우면 살이 퍽퍽해지므로 되도록 빨리 구워 내는 게 좋다.
+ 채소 국물 대신 시판 베지터블 스톡을 동량 사용해도 된다.

🍲 연어 수프 만드는 법

연어는 한입 크기로 잘라 소금, 후추로 밑간하고 감자는 사방 1.5cm 크기로 깍둑썰기 한다. 당근, 대파는 0.5cm 두께로 썬다.

냄비에 올리브유를 두르고 대파, 다진 마늘을 볶는다.

2에 당근, 감자, 소금, 후추를 넣고 채소가 투명해질 때까지 중불에 볶는다.

연어와 화이트 와인을 넣고 연어의 겉면이 익을 때까지 볶는다.

채소 국물을 붓고 한소끔 끓이다가 약불로 줄이고 30분 동안 끓인다.

5를 한 김 식혀 믹서에 넣고 곱게 간 뒤 소금, 후추로 간한다.

SOUP

연어 수프 활용 파스타

재료(2인분)
연어 수프 1컵(200㎖), 생크림 ¼컵(50㎖), 파스타 면 200g, 적양파 1개(100g), 마늘 2쪽, 페페론치노 4개, 연어 50g, 올리브유 1+½큰술, 소금 약간, 후추 약간, 파슬리 적당량

1 끓는 소금물에 파스타 면을 넣고 포장지에 적힌 시간만큼 삶는다. **2** 마늘은 다지고 적양파는 0.5cm 두께로 썬다. **3** 연어를 사방 2cm 크기로 깍둑썰기 한 후 팬에 올리브유 ½큰술을 두른 후 노릇하게 구워 빼 놓는다. **4** 3의 팬에 올리브유 1큰술을 두르고 마늘과 반으로 자른 페페론치노를 넣어 향이 배어나도록 중불에 볶는다. **5** 4에 적양파를 넣어 노릇하게 볶다가 연어 수프, 생크림을 붓는다. **6** 5에 삶은 파스타 면을 넣어 골고루 섞는다. **7** 소금, 후추로 간하고 구워 놓은 연어를 얹은 뒤 파슬리를 올린다.

+TIP
+ 케이퍼를 곁들여도 잘 어울린다.
+ 적양파 대신 양파를 사용해도 된다.

도톰한 관자가 씹을수록 고소한
관자 콘 수프

관자 5개(250g)
옥수수 통조림 1/2컵 (100g)
양파 1/2개(100g)
감자 1/2개(80g)
화이트 와인 1/4컵(50㎖)
생크림 1/2컵(100㎖)
소금 약간
후추 약간

닭 육수 1+1/2컵(300㎖)

01 관자는 키친타월로 수분을 제거하고 소금, 후추를 뿌려 간한다.
02 옥수수는 뜨거운 물을 끼얹고 체에 받쳐 물기를 뺀다.
03 감자는 사방 1cm 크기로 깍둑썰기 하고, 양파는 0.3cm 두께로 채 썬다.
04 냄비에 버터를 넣어 녹인 뒤 관자를 겉면이 노릇하게 구워 꺼내 놓는다.
05 04의 냄비에 양파를 넣고 양파가 투명해질 때까지 볶는다.
06 05에 감자, 닭 육수, 생크림을 넣고 뚜껑을 덮은 뒤 감자가 푹 익을 때까지 15분 동안 끓인다.
07 06에 화이트 와인, 관자, 옥수수를 넣고 한소끔 끓여 소금, 후추로 간한다.
08 수프를 그릇에 담는다.

+TIP
+ 버터 기름 대신 올리브유를 사용해도 된다.
+ 관자는 너무 오래 조리하면 질겨질 수 있으므로 팬에 관자를 구울 때는 앞뒤 각각 1분씩 조리하는 것이 적당하다.
+ 닭 육수 대신 시판 치킨 스톡을 동량 사용해도 된다.

🍲 관자 콘 수프 만드는 법

관자는 물기를 없앤 뒤 소금, 후추를 뿌려 밑간한다.

옥수수는 뜨거운 물을 끼얹은 뒤 체에 밭쳐 물기를 뺀다.

감자는 사방 1cm 크기로 깍둑썰기 한다.

양파가 투명해지면 감자를 넣는다.

닭 육수를 붓는다.

생크림을 붓고 뚜껑을 덮은 뒤 감자가 푹 익을 때까지 끓인다.

양파는 0.3cm 두께로 채 썬다.

냄비에 버터를 녹인 뒤 관자를 노릇하게 구워 꺼내 놓는다.

5의 냄비에 양파를 넣고 볶는다.

9에 화이트 와인을 붓는다.

관자를 넣는다.

2의 옥수수를 넣고 한소끔 끓여 소금, 후추로 간한다.

매끄러운 미역과 시원한 국물 맛
미역 달걀 수프

달걀 2개
미역 5g
대파(흰 대) ½대
올리브유 ½큰술
간장 1작은술
전분물 적당량
(물 2큰술, 전분 2큰술)
후추 약간

닭 육수 2+½컵(500㎖)

대파 약간

01 미역은 찬물에 30분간 불린 뒤 바락바락 주물러 거품이 나오지 않을 때까지 깨끗이 헹군다.
02 01을 체에 받쳐 물기를 빼고 손으로 물기를 꼭 짜 3cm 길이로 썬다.
03 달걀은 알끈이 풀어지도록 잘 젓고, 대파는 어슷하게 썬다.
04 장식용 대파는 0.3cm 두께로 썬다.
05 물과 전분을 섞어 전분물을 만든다.
06 냄비에 올리브유를 두르고 대파를 넣고 볶아 향을 낸 다음 02의 미역, 닭 육수, 간장을 넣고 한소끔 끓인다.
07 06에 전분물을 넣어 농도를 만들고 냄비 주변으로 돌려가며 달걀을 붓는다.
08 07에 후추를 넣고 수프를 그릇에 담은 뒤 송송 썬 대파를 올린다.

+TIP
+ 밥 위에 미역 달걀 수프를 올려 덮밥처럼 먹으면 든든한 한 끼로도 손색이 없다.
+ 대파를 볶은 후 보리새우 5g을 넣어 함께 볶으면 더욱 감칠맛 나는 미역 달걀 수프를 만들 수 있다.
+ 닭 육수 대신 시판 치킨 스톡을 동량 사용해도 된다.
+ 취향에 따라 먹기 직전에 참기름을 약간 넣어 먹어도 좋다.

미역 달걀 수프 만드는 법

미역은 찬물에 30분간 불린다.

바락바락 주물러 거품이 나오지 않을 때까지 깨끗이 헹군다.

손으로 물기를 꼭 짜 3cm 길이로 썬다.

6에 닭 육수를 붓는다.

간장을 붓는다.

미역을 넣고 한소끔 끓인다.

달걀은 알끈이 풀어지도록 잘 섞는다.

대파는 어슷하게 썬다.

냄비에 올리브유를 두르고 대파를 볶아 향을 낸다.

전분물을 넣어 농도를 만든다.

냄비 주변으로 돌려가며 달걀물을 붓는다.

마지막으로 후추를 넣는다.

구수하고 감칠맛이 풍부한
굴 수프

굴 1봉(150g)
화이트 와인 2큰술
양파 1/2개(100g)
시금치 1/4단(70g)
감자 1/2개(80g)
월계수 잎 1장
우유 1컵(200㎖)
버터 1큰술
밀가루 1큰술
소금 약간
후추 약간

닭 육수 1컵(200㎖)

다진 파슬리 적당량

01 굴은 소금을 뿌려 잘 저은 뒤 물에 재빨리 헹구고 체에 밭쳐 물기를 뺀다.
02 01을 볼에 담아 화이트 와인을 넣고 소금, 후추를 한 꼬집씩 뿌린 뒤 랩을 씌워 3분간 전자레인지에 돌린다.
03 시금치는 끓는 소금물에 넣어 30초간 데치고 찬물에 헹궈 물기를 꼭 짜서 1.5cm 길이로 썬다.
04 양파와 감자는 사방 1.5cm 크기로 깍둑썰기 한다.
05 냄비에 버터를 넣고 버터가 녹으면 양파를 넣어 노릇하게 볶다가 감자를 넣고 감자가 투명해질 때까지 중불에 볶는다.
06 05에 밀가루를 넣고 1분간 볶다가 닭 육수와 우유를 붓고 월계수 잎을 넣어 중불에 끓인다.
07 감자가 익으면 굴, 시금치를 넣고 한소끔 끓인 후 소금, 후추로 간한다.
08 수프를 그릇에 담고 다진 파슬리를 뿌린다.

+TIP
+ 굴 대신 흰 살 생선을 사용해도 좋다.
+ 굴을 전자레인지에 돌릴 때 나오는 국물은 버리지 말고 수프에 사용한다.
+ 닭 육수 대신 시판 치킨 스톡을 동량 사용해도 된다.

굴 수프 만드는 법

굴은 소금을 뿌려 잘 저은 뒤 재빨리 헹군 다음 체에 밭쳐 둔다.

1을 볼에 담아 화이트 와인을 끼얹는다.

소금, 후추를 뿌린 뒤 랩을 씌워 전자레인지에 3분간 돌린다.

냄비에 버터를 녹이고 양파를 넣어 노릇하게 볶는다.

7에 감자를 넣고 감자가 투명해질 때까지 볶다가 밀가루를 넣고 1분간 볶는다.

8에 닭 육수를 붓는다.

시금치는 끓는 소금물에 30초간 데치고 찬물에 헹궈 물기를 제거한 뒤 1.5cm 길이로 썬다.

양파는 사방 1.5cm 크기로 썬다.

감자도 양파와 같은 크기로 썬다.

우유를 넣는다.

월계수 잎을 넣어 중불에 끓인다.

감자가 익으면 굴, 시금치를 넣고 한소끔 끓인 뒤 소금, 후추로 간한다.

05
MEAT SOUP
고기 수프

고기 수프는 대체로 건더기가
푸짐해 한 끼 식사로 너끈하다.
국물의 간간하면서도
구수한 맛을 살린 말간 수프에는
잎채소나 아삭한 숙주를
올리면 국물이 개운해지고
식감이 좋아진다.
한편 진한 페이스트나
소스를 넣어 자작하게 졸인
수프는 밥과 함께 먹어도
잘 어울린다.

카레와 어우러진 구운 채소와 쫀득한 닭봉
닭봉 카레 수프

닭봉 6개
양파 1/2개(100g)
마늘 2쪽
감자 2/3개(100g)
당근 1/2개(100g)
노란 파프리카 1/2개(100g)
브로콜리 30g
옥수수 30g
올리브유 2큰술
버터 1큰술
카레 가루 1+1/3큰술
토마토 통조림(레디컷) 1/2컵(100g)
소금 1+1/2작은술
굴소스 1큰술
드라이 바질 2작은술

닭 육수 2+1/2컵(500㎖)

01 양파는 1cm 두께로 썰고, 감자는 반으로 잘라 4등분 한다.
02 옥수수는 1.5cm 두께로 썰고, 당근은 세로로 반 잘라 4등분 한다.
03 노란 파프리카는 반으로 잘라 사선으로 자르고, 브로콜리는 송이송이 떼어낸다. 나머지 양파와 마늘을 다진다.
04 냄비에 올리브유 1큰술을 넣고 닭봉을 올려 앞뒤로 노릇하게 구운 뒤 올리브유 1큰술과 버터 1큰술을 넣고, 마늘과 양파, 소금을 넣어 노릇하게 볶는다.
05 04에 카레 가루 1/2작은술을 넣고 볶다가 닭 육수, 토마토 통조림, 남은 카레 가루, 굴소스, 드라이 바질을 넣고 30분간 약불에 끓인다.
06 손질한 채소를 밀폐용기에 담아 전자레인지에 1분간 돌려 1차로 익힌다.
07 06의 채소를 그릴팬에 올려 노릇하게 굽는다.
08 그릇에 구운 채소를 담고 카레 수프를 붓는다.

+TIP
+ 1차로 채소를 익힐 때는 찜기를 사용해도 된다.
+ 제철 채소나 냉장고에 남아 있는 자투리 채소를 활용해 보자.
+ 닭 육수 대신 시판 치킨 스톡을 동량 사용해도 된다.

🍲 닭봉 카레 수프 만드는 법

옥수수는 1.5cm 두께로 썬다.

당근은 세로로 반 잘라 4등분 한다.

노란 파프리카는 반으로 잘라 다시 사선으로 자른다.

토마토 통조림을 넣는다.

굴소스를 넣는다.

남은 카레 가루와 드라이 바질을 넣는다.

냄비에 올리브유 1큰술을 넣고 닭봉을 노릇하게 구운 뒤 올리브유 1큰술과 버터 1큰술을 넣는다.

4에 마늘과 양파를 넣어 노릇하게 볶는다.

카레 가루를 넣고 볶다가 닭 육수를 붓는다.

30분간 약불에 끓인다.

손질한 채소를 밀폐용기에 담아 전자레인지에 1분간 돌린다.

11의 채소를 그릴팬에 올려 노릇하게 굽는다.

푸짐한 완자를 올린 깔끔하고 담백한
닭고기 완자 수프

다진 닭고기 250g
다진 대파 1큰술
생강즙 2작은술
간장 1/2큰술(닭고기 완자)
전분 2큰술
청주 1큰술
간장 2작은술
소금 약간
후추 약간

닭 육수(시판 큐브형)
2+1/3컵(500㎖)

대파 1/2대

01 볼에 다진 닭고기, 다진 대파, 생강즙, 간장 1/2큰술, 전분을 넣어 반죽하고 끈기가 생기도록 충분히 치댄다.
02 반죽을 조금씩 떼어내 2cm 크기로 동그랗게 빚는다.
03 대파 1/2대는 0.5cm 두께로 어슷하게 썬다.
04 냄비에 닭 육수를 붓고 센 불에 끓이다가 한소끔 끓어오르면 빚어 놓은 닭고기 완자를 넣는다.
05 04가 다시 끓어오르면 약불로 줄이고 거품을 걷으며 5분간 더 끓인다.
06 05에 어슷하게 썰어 놓은 대파 2/3를 넣고 청주, 간장 2작은술을 넣는다.
07 간을 본 후 싱거우면 소금과 후추를 추가하고 3분간 더 끓인다.
08 수프를 그릇에 담고 남은 대파 1/3을 올린다.

+ TIP
+ 매콤한 맛을 좋아한다면 고춧가루를 뿌려 먹어도 잘 어울린다.
+ 손에 반죽이 자꾸 달라붙는다면 올리브유를 손에 살짝 바른 뒤 완자를 빚는다.
+ 다진 닭고기가 없다면 닭가슴살을 믹서에 넣어 갈거나 칼로 곱게 다져서 준비한다.
+ 녹두 당면을 곁들여도 잘 어울린다. 녹두 당면을 미지근한 물에 20분간 담가 두었다가 끓는 물에 3분간 삶아 찬물에 헹궈 물기를 뺀 후 07의 과정에 함께 넣어 조리하면 된다.

🍲 닭고기 완자 수프 만드는 법

볼에 닭고기, 다진 대파, 생강즙, 간장, 전분을 넣어 반죽한 뒤 끈기가 생기도록 치댄다.

반죽을 조금씩 떼어 2cm 크기로 둥글게 빚는다.

대파는 어슷하게 썬다.

냄비에 닭 육수를 붓고 불에 올려 한소끔 끓어오르면 닭고기 완자를 넣는다

4가 다시 끓어오르면 약불로 줄이고 거품을 걷으며 5분간 더 끓인다.

어슷하게 썬 대파, 청주, 간장을 넣고 소금, 후추로 간한 뒤 3분간 더 끓인다.

SOUP

닭고기 완자 수프 활용 양배추 롤

재료(4개 분량)

닭고기 완자 수프의 완자 350g, 양배추 8장, 양파 1/2개(100g), 달걀 1/2개, 빵가루 10g, 우유 1/2큰술, 소금 1/2작은술, 통후추 약간, 버터 1큰술, 너트맥 한 꼬집, 토마토 통조림(레디컷) 100g, 케첩 1큰술, 우스터소스 1큰술, 설탕 1큰술

1 양배추는 한 장씩 떼어 두꺼운 심 부분을 얇게 깎는다. **2** 끓는 물에 **1**을 넣어 부드러워질 때까지 데치고 찬물에 건져 내 식혀 키친타월로 물기를 제거한다. **3** 우유에 빵가루를 섞는다. **4** 볼에 닭고기 완자 수프의 완자, 너트맥, **3**, 달걀을 넣고 골고루 섞는다. **5 4**에 상온에 둔 버터를 넣고 다시 한 번 골고루 섞는다. **6 5**를 4등분 하고 양배추 잎 쪽에 얹어 돌돌 만 뒤 이쑤시개로 고정시킨다. **7** 냄비에 통조림 토마토, 케첩, 우스터소스, 설탕을 넣어 중불에 끓인다. **8 7**이 끓어오르면 **6**을 넣고 소스를 끼얹어 가며 3분간 끓인다.

+TIP
+ 토마토 통조림 대신 토마토를 껍질을 벗겨 사방 1cm 크기로 깍둑썰기 해 사용해도 된다. 이때는 토마토 페이스트 1작은술을 넣는다.

돼지고기 채소 수프

소시지 미니양배추 수프

🍚 돼지고기 채소 수프 만드는 법

삼겹살은 3cm 길이로 자른다.

얼갈이배추도 삼겹살과 같은 크기로 자른다.

숙주는 깨끗이 씻은 뒤 체에 밭쳐 물기를 뺀다.

냄비에 얼갈이배추를 깔고 삼겹살을 올린다.

4에 고기 육수를 붓고 청주, 간장을 넣는다.

숙주를 올리고 거품을 걷으며 30초간 더 끓인 뒤 소금, 후추로 간한다.

아삭한 숙주가 기름진 맛을 잡아 주는
돼지고기 채소 수프

삼겹살 80g
얼갈이배추 2포기
숙주 1줌(50g)
청주 1큰술
간장 ½큰술
소금 약간
후추 약간

고기 육수 2컵(400㎖)

01 삼겹살과 얼갈이배추는 3cm 길이로 자른다.
02 숙주는 깨끗이 씻어 체에 밭쳐 물기를 뺀다.
03 냄비에 얼갈이배추를 깔고 삼겹살을 올린다.
04 03에 고기 육수를 붓고 청주, 간장을 넣는다.
05 뚜껑을 덮고 중불에 삼겹살이 익을 때까지 끓인다.
06 05에 숙주를 넣고 거품을 걷으며 30초간 더 끓인다.
07 소금, 후추로 간한다.

+TIP
+ 돼지고기의 기름이 부담스럽다면 삼겹살 대신 목살을 사용한다.
+ 고기 육수 대신 시판 비프 스톡을 동량 사용해도 된다.

소시지 미니양배추 수프 만드는 법

1 소시지는 1cm 두께로 썬다.

2 미니양배추는 반으로 자른다.

3 냄비에 버터를 녹이고 마늘을 넣어 향이 날 때까지 볶는다.

4 3에 미니양배추와 소시지를 넣어 약불에서 앞뒤로 노릇하게 굽는다.

5 닭 육수를 붓고 중불에서 끓인다.

6 5가 끓어오르면 약불로 줄이고 생크림을 넣어 한소끔 끓인 뒤 소금, 후추로 간한다.

간간한 국물과 한입에 쏙 들어오는 건더기
소시지 미니양배추 수프

모둠 소시지 100g
미니양배추 8개
마늘 1쪽
버터 1큰술
생크림 ½컵(100㎖)
소금 약간
후추 약간

닭 육수 2컵(400㎖)

01 소시지는 1cm 두께로 썰고, 미니양배추는 반으로 자른다.
02 마늘은 다진다.
03 냄비에 버터를 넣고 녹으면 마늘을 넣어 향이 날 때까지 중불에 볶는다.
04 약불로 줄이고 미니양배추와 소시지를 넣어 앞뒤로 노릇하게 굽는다.
05 04에 닭 육수를 붓고 중불에 올려 끓어오르면 약불로 줄인다.
06 05에 생크림을 넣고 한소끔 끓인 후 소금, 후추로 간한다.
07 수프를 그릇에 담는다.

+TIP
+ 미니양배추 대신 양배추를 한입 크기로 썰어 사용해도 된다.
+ 미니양배추는 일정 크기 이상 자라면 쓴맛이 강해지므로 작은 사이즈를 골라 사용하도록 한다.
+ 닭 육수 대신 시판 치킨 스톡을 동량 사용해도 된다.

진한 소고기 국물이 응축된 깊은 맛
소고기 버섯 수프

소고기(안심) 150g
양송이버섯 6개
마늘 1쪽
양파 1/2개(100g)
당근 1/2개(100g)
밀가루 적당량
올리브유 1작은술
데미글라스 소스 2큰술
토마토 페이스트 1큰술
레드 와인 1/4컵(50㎖)
월계수 잎 1장
로즈마리 1줄기
올리브유 1/2작은술
소금 약간
후추 약간

고기 육수 2컵(400㎖)

다진 파슬리 적당량

01 소고기는 한입 크기로 잘라 소금, 후추로 밑간하고 밀가루를 묻혀 둔다.
02 양송이버섯은 밑동을 잘라내고 4등분 한다.
03 양파, 당근은 사방 2cm 크기로 깍둑썰기 하고, 마늘은 0.2cm 두께로 썬다.
04 냄비에 올리브유를 두르고 소고기를 넣어 겉면이 노릇하게 익을 때까지 볶는다.
05 04의 냄비에 마늘을 넣어 향이 날 때까지 볶다가 양파, 당근을 넣고 양파가 투명해질 때까지 볶는다.
06 05에 양송이버섯, 고기 육수, 로즈마리, 월계수 잎을 넣고 거품을 걷으며 중불에 한소끔 끓인다.
07 06에 레드 와인, 토마토 페이스트, 데미글라스 소스를 넣고 40분간 약불에 끓인다.
08 수프를 소금, 후추로 간하여 그릇에 담고, 다진 파슬리를 뿌린다.

+TIP
+ 토마토 페이스트 대신 시판 토마토 소스를 넣어도 좋다.
+ 고기 육수 대신 시판 비프 스톡을 동량 사용해도 된다.

🍲 소고기 버섯 수프 만드는 법

1. 소고기는 한입 크기로 잘라 소금, 후추로 밑간하고 밀가루를 묻혀 둔다.

2. 양송이버섯은 밑동을 잘라내고 4등분 한다.

3. 당근은 사방 2cm 크기로 깍둑썰기 한다.

7. 양파가 투명해질 때까지 볶는다.

8. 양송이버섯을 넣고 고기 육수를 붓는다.

9. 로즈마리, 월계수 잎을 넣고 거품을 걷으며 한소끔 끓인다.

양파도 당근과 같은 크기로 썰고, 마늘은 0.2cm 두께로 썬다.

냄비에 올리브유를 두르고 소고기를 넣어 겉면이 노릇하게 익도록 볶다가 마늘을 넣는다.

양파, 당근을 넣는다.

레드 와인을 넣는다.

토마토 페이스트를 넣는다.

데미글라스 소스를 넣고 약불에 40분간 끓인 뒤 소금, 후추로 간한다.

달걀흰자로 기름기를 걷어 개운한 국물
비프 콘소메 수프

다진 소고기 200g
셀러리 1대(50g)
당근 ½개(100g)
양파 ½개(100g)
토마토 페이스트 2큰술
달걀흰자 2개
소금 약간
후추 약간

고기 육수 3컵(600㎖)

파슬리 적당량

01 셀러리, 당근, 양파는 사방 0.5cm 크기로 깍둑썰기 한다.
02 달걀흰자를 볼에 담고 거품기로 거품을 낸다.
03 **02**에 다진 소고기, 셀러리, 당근, 양파를 넣고 달걀흰자의 거품이 꺼지지 않도록 조심스럽게 섞는다.
04 냄비에 고기 육수를 붓고 토마토 페이스트를 넣어 섞는다.
05 **04**에 **03**을 넣고 나무 주걱으로 저어가며 중불에 끓이다가 거품이 생기기 시작하면 약불로 줄인다.
06 거품을 걷어가며 20분간 끓인다.
07 국자로 조심스럽게 수프를 떠서 면보를 깐 체에 수프를 걸러낸다.
08 소금과 후추로 간을 하고 수프를 그릇에 담아 파슬리를 띄운다.

+TIP
+ 토마토 페이스트 대신 껍질을 벗긴 토마토 ¼개(50g)을 사방 0.5cm 크기로 깍둑썰기 해 넣어도 된다.
+ 비프 콘소메 수프는 그 자체로도 맛있지만, 다양한 국물 요리나 소스 등에 활용되기도 한다.
+ 끓일 때 거품이 많이 생기면 한지 기름종이를 살짝 덮어 기름을 제거해도 좋다.
+ 고기 육수 대신 시판 비프 스톡을 동량 사용해도 된다.

🍲 비프 콘소메 수프 만드는 법

셀러리는 길이대로 3등분 한다.

1을 0.5cm 크기로 깍둑썰기 한다.

양파, 당근도 0.5cm 크기로 깍둑썰기 한다.

냄비에 고기 육수를 붓고 토마토 페이스트를 넣는다.

7에 6을 넣고 중불에 끓인다.

거품이 생기기 시작하면 약불로 줄인다.

달걀흰자를 볼에 담고 거품기로 거품을 낸다.

4에 소고기, 당근, 양파, 셀러리를 넣는다.

달걀흰자의 거품이 꺼지지 않도록 조심스럽게 섞는다.

거품을 걷어가며 20분간 끓인다.

국자로 수프를 떠서 면보를 깐 체에 부어 걸러낸다.

소금, 후추로 간한다.

SOUP

소고기 버섯 수프 활용 파이

재료(4개 분량)
소고기 버섯 수프 2컵(400㎖), 밀가루 2큰술, 버터 2큰술, 냉동 파이 생지 10cm×10cm 8장, 달걀물 적당량

1 약불에 냄비를 올리고 버터를 넣어 버터가 녹으면 중력분을 넣고 나무 주걱으로 골고루 섞는다. 갈색이 될 때까지 볶아 루를 만든다. 2 1에 소고기 버섯 수프를 넣어 골고루 섞는다. 3 냉동 파이 생지는 0.3cm 두께가 되도록 밀대로 민다. 4 버터를 바른 파이 틀에 파이 생지를 깔고 포크로 구멍을 낸다. 5 4에 2의 필링을 넣은 후 테두리에 달걀물을 바른다. 6 파이 틀 크기로 자른 파이 생지로 덮고 포크로 테두리를 눌러 접착시킨 후 달걀물을 바른다. 7 중심에 십자로 칼집을 넣고 180℃로 예열한 오븐에 30~40분 정도 노릇하게 굽는다.

+TIP
+ 냉동 파이 생지는 인터넷을 통해 구입할 수 있다.

비프 콘소메 수프 활용 국수

재료(10개 분량)
비프 콘소메 수프 2컵(400㎖), 소면 2줌, 신김치 50g, 참기름 1큰술, 설탕 1작은술, 깨소금 1작은술, 애호박 1/4개(50g), 당근 1/4개(50g), 지단 적당량, 조미김 적당량, 통깨 적당량

1 김치는 물에 헹궈 꼭 짠 후 1cm 길이로 썰어 참기름, 설탕, 깨소금으로 버무린다. **2** 애호박은 채 썰어 올리브유를 살짝 두른 팬에 소금 한 꼬집을 넣고 볶는다. **3** 당근도 채 썰어 올리브유를 살짝 두른 팬에 소금 한 꼬집을 넣고 볶는다. **4** 조미김은 가위를 이용해 0.5cm 두께로 자른다. **5** 소면은 끓는 물에 3분 30초간 삶은 후 찬물에 헹궈 물기를 뺀다. **6** 그릇에 소면을 담고 김치, 애호박, 당근, 지단을 얹고 뜨거운 비프 콘소메 수프를 붓는다. **7** 6에 통깨를 뿌리고 조미김을 곁들인다.

+TIP
+ 애호박과 당근은 소금물에 데친 후 체에 밭쳐 물기를 뺀 후 고명으로 올려도 된다.

베이컨 양상추 수프

훈제 삼겹살 소시지 수프

🍲 베이컨 양상추 수프 만드는 법

양상추는 1cm 두께로 썬다.

실파도 1cm 두께로 송송 썬다.

베이컨은 1cm 두께로 썰어 노릇하게 굽는다.

3에 닭 육수를 붓고 거품을 걷으며 끓인다.

육수가 끓어오르면 양상추를 넣는다.

다시 끓어오르면 소금, 후추로 간한다.

양상추의 시원한 맛이 국물을 산뜻하게
베이컨 양상추 수프

양상추 1/2통(200g)
베이컨 1줄
소금 약간
후추 약간

닭 육수 2컵(400㎖)

실파 1대

01 양상추는 1cm 두께로 썬다.
02 실파는 1cm 두께로 송송 썬다.
03 베이컨은 1cm 두께로 썰어 노릇하게 굽는다.
04 03에 닭 육수를 붓고 거품을 걷으며 끓인다.
05 육수가 끓어오르면 양상추를 넣는다.
06 다시 끓어오르면 소금, 후추로 간한다.
07 수프를 그릇에 담고 실파를 올린다.

+TIP
+ 일반 베이컨보다 조금 두꺼운 베이컨을 사용해도 된다.
+ 닭 육수 대신 시판 치킨 스톡을 동량 사용해도 된다.

훈제 삼겹살 소시지 수프 만드는 법

훈제 삼겹살은 두께 1cm로 썰어 길이로 4등분 한다.

감자는 웨지 모양으로 8등분 한다.

셀러리는 섬유질을 제거하고 4cm 길이로 썬다.

당근은 두께 1cm, 길이 4cm로 썬다.

냄비에 훈제 삼겹살, 생소시지, 감자, 당근, 셀러리를 고정시키듯 담고 고기 육수를 붓는다.

뚜껑을 닫고 훈제 삼겹살과 채소가 부드럽게 익을 때까지 약불에 끓인 뒤 소금, 후추로 간한다.

맑은 국물이 재료의 담백한 맛과 어울리는
훈제 삼겹살 소시지 수프

훈제 삼겹살 200g
생소시지 2개
감자 1/2개(80g)
당근 1/4개(50g)
셀러리 1대(30g)
소금 약간
후추 약간
디종머스터드 적당량

고기 육수 4컵(400㎖)

01 훈제 삼겹살은 두께 1cm로 썰어 길이로 4등분 한다.
02 감자는 웨지 모양으로 8등분 한다.
03 셀러리는 섬유질을 제거하고 4cm 길이로 썬다.
04 당근은 두께 1cm, 길이 4cm로 썬다.
05 냄비에 훈제 삼겹살, 생소시지, 감자, 당근, 셀러리를 고정시키듯 담고 고기 육수를 붓는다.
06 뚜껑을 닫고 훈제 삼겹살과 채소가 부드럽게 익을 때까지 약 20분간 약불에 끓인다.
07 소금, 후추로 간하여 그릇에 담고, 디종머스터드와 함께 곁들여 먹는다.

+TIP
+ 감자, 당근, 셀러리 외에 취향에 따라 다양한 채소를 곁들여도 좋다.
+ 생소시지는 칼집을 넣지 않고 조리한다. 풍부한 육즙과 탱글탱글한 식감을 즐길 수 있다.
+ 고기 육수 대신 시판 비프 스톡을 동량 사용해도 된다.

06
SOUPS OF THE WORLD
세계의 수프

고대 로마인들은 겨울에 얼어붙은 빵을 채소 국물에 적셔 먹었다고 하는데, 서양식 국물 요리를 일컫는 '수프(soup)'는 바로 라틴어 'suppa(국물에 적신 빵)'에서 유래되었다.
하지만 이름이 다를 뿐 수프는 세계 어디에나 있다.
다채롭고 이색적인 세계 각지의 대표 수프를 살펴보자.

◐ FRANCE 프랑스

신선한 해산물을 뭉근하게 끓여 내는

부야베스

대구 살 400g
대하 4마리
홍합 8개
마늘 2쪽
양파 ¼개(50g)
감자 ½개(80g)
방울토마토 6개
사프란 1g
화이트 와인 ½컵(100㎖)
월계수 잎 1장
올리브유 2큰술
소금 약간
후추 약간

해산물 국물 2컵(400㎖)

파슬리 적당량

01 화이트 와인에 사프란을 넣어 색을 우려낸다.
02 대하는 머리와 꼬리를 남겨 두고 껍질과 내장을 제거한다.
03 대구와 감자는 사방 2cm 크기로 깍둑썰기 한다.
04 마늘과 양파는 다지고, 방울토마토는 꼭지를 따서 반으로 자른다.
05 냄비에 올리브유를 두르고 양파, 마늘을 넣어 중불에 노릇하게 볶는다.
06 05에 대구, 감자, 대하, 방울토마토를 넣고 해산물이 불투명해질 때까지 볶는다.
07 06에 해산물 국물과 01을 붓고, 끓으면 홍합과 월계수 잎을 넣는다.
08 뚜껑을 덮고 20분간 약불에 뭉근하게 끓여 소금, 후추로 간한 뒤
     수프를 그릇에 담고 파슬리를 뿌린다.

+TIP

+ 대구 살 대신 명태 살 등 다양한 종류의 흰 살 생선을 사용해도 된다.
+ 사프란이 없다면 커리 파우더를 사용해도 된다.
+ 루유(Rouille)를 양념처럼 곁들이기도 한다.
+ 해산물 국물 대신 시판 시푸드 스톡을 동량 사용해도 된다.

🍲 부야베스 만드는 법

1. 화이트 와인에 사프란을 넣어 색을 우려낸다.

2. 대하는 머리와 꼬리를 남겨 두고 껍질과 내장을 제거한다.

3. 대구와 감자는 사방 2cm 크기로 깍둑썰기 한다.

7. 6에 대구, 감자를 넣고 볶는다.

8. 대하를 넣는다.

9. 방울토마토를 넣고 볶는다.

방울토마토는 꼭지를 따서 반으로 자르고, 마늘과 양파는 다진다.

냄비에 올리브유를 두르고 양파를 넣는다.

마늘을 넣고 중불에서 노릇하게 볶는다.

해산물이 불투명해지기 시작하면 해산물 국물을 넣는다.

1의 사프란 우린 화이트 와인을 붓는다.

11이 끓으면 홍합과 월계수 잎을 넣는다.

SOUP

루유

재료(2인분)
달걀노른자 1개, 다진 마늘 1쪽, 디종머스터드 1작은술, 토마토 페이스트 1작은술, 올리브유 1컵(200㎖)

1 토마토 페이스트, 디종머스터드를 잘 섞는다. **2** 믹서에 **1**과 마늘, 달걀노른자를 넣고 천천히 약하게 간다. **3** **2**에 올리브유를 조금씩 나누어 부으며 모든 재료가 골고루 섞이도록 간다.

+TIP
+ 취향에 따라 양파, 오이, 토마토, 파프리카 등을 잘게 다져 넣어도 좋다.
+ 루유는 마늘을 넣은 매콤한 소스로, 바삭하게 구운 빵과 함께 부야베스에 곁들여 먹는다.

SOUP

부야베스 활용 리조또

재료(2인분)
부야베스 2컵(400㎖), 찬밥 200g, 소금 약간, 후추 약간, 다진 파슬리 적당량

1 냄비에 부야베스 국물을 붓고 찬밥을 넣어 중불에 끓인다. **2** 1이 한소끔 끓으면 소금, 후추로 간하고 부야베스의 해산물을 넣는다. **3** 중약불에 3분간 끓인다. **4** 그릇에 담고 다진 파슬리를 뿌린다.

+TIP
+ 찬밥이 없다면 전자레인지에 돌리지 않은 즉석밥을 사용한다.
+ 취향에 따라 파마산 치즈를 곁들인다.

🇫🇷 FRANCE 프랑스
볶은 양파의 진하고 달콤한 향미
프렌치 어니언 수프

양파 2개(400g)
버터 2큰술
중력분 ½큰술
셰리 와인 ½컵(100㎖)
바게트 슬라이스 2장
타임 4줄기
그뤼에르 치즈 80g
소금 약간
후추 약간

고기 육수 2컵(400㎖)

01 양파는 0.3cm 두께로 채 썬다.
02 냄비에 버터를 넣어 버터가 녹으면 양파를 넣고 진한 갈색이 날 때까지 중불에 충분히 볶는다.
03 02에 셰리 와인과 중력분을 넣어 골고루 섞는다.
04 03에 고기 육수를 붓고 뚜껑을 덮은 후 약불에 30분간 끓인다.
05 소금, 후추로 간하고 오븐용 그릇에 담는다.
06 05에 바게트 슬라이스 2장을 올리고, 그뤼에르 치즈를 뿌린 뒤 타임을 손으로 뜯어 올린다.
07 06을 220℃로 예열한 오븐에 넣고 치즈가 노릇하게 녹을 때까지 약 10~15분간 굽는다.

+TIP
+ 셰리 와인 대신 화이트 와인 ½컵(100㎖)과 브랜디 ½컵(100㎖)를 넣어도 된다.
+ 취향에 따라 그뤼에르 치즈에 함께 모차렐라 치즈를 곁들인다.
+ 타임 대신 파슬리를 사용해도 된다.
+ 고기 육수 대신 시판 비프 스톡을 동량 사용해도 된다.

🍲 프렌치 어니언 수프 만드는 법

1
양파는 0.3cm 두께로 채 썬다.

2
냄비에 버터를 녹인다.

3
양파를 넣고 진한 갈색이 날 때까지 볶는다.

7
6에 고기 육수를 붓고 뚜껑을 덮어 약불에 30분 간 끓인다.

8
소금, 후추로 간한다.

9
오븐용 그릇에 담고 바게트 슬라이스 2장을 올린다.

셰리 와인을 넣는다.

중력분을 넣는다.

셰리 와인과 중력분이 골고루 섞이도록 한다.

그뤼에르 치즈를 뿌린다.

타임을 손으로 뜯어 올린다.

220℃로 예열한 오븐에 넣고 10~15분간 굽는다.

ITALY 이탈리아

푹 익은 채소가 사근사근 씹히는
미네스트로네

쇼트 파스타(마카로니) 40g
양파 1/4개(50g)
당근 1/4개(50g)
셀러리 1대(30g)
주키니 1/6대(50g)
다진 마늘 1/2작은술
시금치 한 줌(50g)
강낭콩 50g
병아리콩 50g
토마토 통조림(레디컷)
1/2통(100g)
드라이 오레가노 1작은술
드라이 바질 1작은술
올리브유 1큰술
소금 약간
후추 약간

채소 국물 2+1/2컵(500㎖)

파마산 치즈 적당량

01 주키니, 양파, 당근, 셀러리는 사방 1cm 크기로 깍둑썰기 한다.
02 시금치는 3cm 길이로 썬다.
03 강낭콩과 병아리콩은 통조림에서 꺼내 뜨거운 물을 끼얹은 후 체에 밭쳐 물기를 뺀다.
04 냄비에 올리브유를 두르고 마늘을 넣어 노릇하게 볶다가 양파, 당근, 셀러리, 주키니를 넣고 양파가 투명해질 때까지 중불에 볶는다.
05 04에 토마토 통조림, 채소 국물, 드라이 오레가노, 드라이 바질을 넣고 끓어오를 때까지 끓인다.
06 05에 쇼트 파스타를 넣고 15분간 약불에 끓인다.
07 06에 강낭콩, 병아리콩, 시금치를 넣고 3분간 더 끓인 후 소금, 후추로 간한다.
08 수프를 그릇에 담고 파마산 치즈를 뿌린다.

+TIP

+ 레드페퍼 플레이크를 첨가하면 살짝 매콤한 맛이 가미된 미네스트로네를 즐길 수 있다.
+ 쇼트 파스타로는 마카로니, 펜네, 리가토니, 파르팔레, 콘킬리에, 푸실리, 오레키에테, 메제 마니케, 스피랄레, 카바타피, 카펠레티, 루마치네, 루오테, 리소니, 세미니 등의 다양한 종류가 있다. 어떤 종류를 사용해도 무방하며 쇼트 파스타의 종류에 따라 과정 06의 끓이는 시간은 가감한다.
+ 채소 국물 대신 시판 베지터블 스톡을 동량 사용해도 된다.

🍚 미네스트로네 만드는 법

주키니, 양파, 당근, 셀러리는 사방 1cm 크기로 깍둑썰기 한다.

시금치는 3cm 길이로 썬다.

강낭콩과 병아리콩은 통조림에서 꺼내 뜨거운 물을 끼얹은 후 체에 밭쳐 물기를 뺀다.

채소 국물을 붓는다.

드라이 오레가노와 드라이 바질을 넣고 끓어오를 때까지 끓인다.

쇼트 파스타를 넣고 15분간 약불에 끓인다.

냄비에 올리브유를 두르고 마늘을 넣어 노릇하게 볶는다.

4에 양파, 당근, 셀러리, 주키니를 넣고 양파가 투명해질 때까지 볶는다.

토마토 통조림 과육과 국물을 넣는다.

강낭콩, 병아리콩을 넣는다.

시금치를 넣고 3분간 더 끓인다.

소금, 후추로 간한다.

🍲 **SPAIN** 스페인

나른한 입맛을 깨우는 상쾌한 애피타이저

가스파초

토마토 2개(300g)
적양파 ¼개(50g)
오이 ¼대(50g)
빨간 파프리카 ¼개(50g)
엑스트라버진 올리브유 2큰술
레몬즙 1큰술
소금 약간
후추 약간

채소 국물 ½컵(100㎖)

오이 적당량
적양파 적당량
엑스트라버진 올리브유 적당량

01 토마토는 꼭지를 제거하고 꼭지 반대편에 열십자로 칼집을 살짝 낸다.
02 끓는 물에 토마토를 살짝 데친 뒤 차가운 얼음물에 담가 껍질이 일어나면 벗겨내고 한입 크기로 썬다.
03 오이, 파프리카, 적양파도 한입 크기로 썬다.
04 02, 03을 믹서에 넣어 곱게 간 후 볼에 담고 채소 국물, 레몬즙, 엑스트라버진 올리브유 2큰술을 넣어 골고루 섞는다.
05 04를 소금, 후추로 간하고 밀폐용기에 담아 냉장고에 1시간 동안 숙성시킨다.
06 장식용 오이와 적양파는 사방 0.5cm 크기로 깍둑썰기 한다.
07 냉장고에서 가스파초를 꺼내 그릇에 담고 엑스트라버진 올리브유를 한바퀴 두른 후 장식용 오이와 적양파를 얹는다.

+TIP
+ 토마토 대신 방울토마토를 동량 사용해도 된다.
+ 취향에 따라 핫소스를 곁들인다.
+ 채소 국물 대신 시판 베지터블 스톡을 동량 사용해도 된다.
+ 마늘 1쪽을 첨가하면 알싸한 맛이 매력적인 가스파초를 즐길 수 있다.

가스파초 만드는 법

1. 토마토는 꼭지를 제거하고 꼭지 반대편에 열십자로 칼집을 낸다.

2. 끓는 물에 토마토를 살짝 데친 뒤 얼음물에 담가 껍질을 벗기고 한입 크기로 썬다.

3. 오이를 한입 크기로 썬다.

7. 6에 채소 국물을 붓는다.

8. 레몬즙을 넣는다.

9. 올리브유를 넣는다.

파프리카를 한입 크기로 썬다.

적양파를 한입 크기로 썬다.

손질한 채소를 믹서에 넣어 곱게 간 뒤 볼에 담는다.

모든 재료가 섞이도록 잘 저어 준 뒤 소금, 후추로 간하고 냉장고에 1시간 동안 숙성시킨다.

장식용 오이는 사방 0.5cm 크기로 깍둑썰기 한다.

장식용 적양파는 사방 0.5cm 크기로 깍둑썰기 한다.

BULGARIA 불가리아

샐러드처럼 새콤하고 아삭거리는
타라토르

그릭 요구르트 300g
오이 1개(125g)
호두 4알
딜 1줄기
물 ½컵(100㎖)
소금 ½작은술
후추 약간
마늘 1쪽

딜 적당량
엑스트라버진 올리브유
적당량

01 오이는 몇 군데 껍질을 벗기고 반으로 갈라 수저로 씨를 긁어낸 뒤 한입 크기로 썬다.
02 01에 소금을 한 꼬집 뿌려 간한다.
03 딜은 잎을 떼어 잘게 다진다.
04 호두는 굵직하게 다져 마른 팬에 노릇하게 굽는다.
05 마늘은 잘게 다진다.
06 02에 요구르트를 넣고 골고루 섞은 뒤 물을 조금씩 넣으며 섞는다.
07 06에 다진 딜, 호두, 다진 마늘, 후추를 넣어 골고루 섞는다.
08 수프를 그릇에 담고 엑스트라버진 올리브유를 한바퀴 두른 다음 딜을 얹는다.

+TIP
+ 그릭 요거트 대신 플레인 요거트를 사용해도 된다.
+ 취향에 따라 마늘을 가감해도 좋다.
+ 타라토르를 시원하게 즐기고 싶다면 물 대신 얼음을 넣어도 좋다.

🍲 타라토르 만드는 법

1. 오이는 몇 군데 껍질을 벗기고 길이대로 반 가른다.

2. 수저로 오이씨를 긁어낸다.

3. 2를 한입 크기로 썬다.

7. 마늘은 잘게 다진다.

8. 4에 요구르트를 넣고 골고루 섞는다.

9. 물을 조금씩 넣으며 섞는다.

오이를 볼에 담고 소금을 뿌려 간한다.

딜은 잎만 떼어 잘게 다진다.

호두는 굵직하게 다져 마른 팬에 노릇하게 굽는다.

다진 딜, 호두를 넣는다.

다진 마늘, 후추를 넣는다.

골고루 섞는다.

🇺🇸 **U.S.A 미국**

알싸하지만 당기는 맛

검보

게맛살 3~4개(100g)
새우(대하) 8마리
양파 1/4개(50g)
셀러리 1/2대(25g)
청피망 1/2개(50g)
청양고추 1개
다진 마늘 1작은술
중력분 2큰술
버터 2큰술
토마토 소스 4큰술
칠리파우더 1작은술
레드페퍼 1작은술
월계수 잎 1장
쪽파 1대

닭 육수 2+1/2컵(500㎖)

쪽파 1대

01 새우는 껍질과 내장을 제거한 뒤 머리와 꼬리를 떼고 2cm 길이로 자른다. 게맛살도 같은 길이로 자른다.

02 셀러리, 양파, 청피망은 사방 1cm 크기로 깍둑썰기 하고, 청양고추는 0.3cm 두께로 썬다.

03 약불에 냄비를 올리고 버터를 넣어 버터가 녹으면 중력분을 넣고 나무 주걱으로 골고루 섞는다. 갈색이 될 때까지 볶아 루를 만든다.

04 03에 양파를 넣고 노릇하게 볶아지면 셀러리, 청피망, 청양고추, 다진 마늘을 넣고 1분간 볶는다.

05 04에 닭 육수, 토마토 소스, 칠리파우더, 레드페퍼, 월계수 잎을 넣고 채소가 부드럽게 익을 때까지 약불에 끓인다.

06 05에 게맛살과 새우를 넣고 새우가 익을 때까지 약불에 끓인다.

07 수프를 그릇에 담고 송송 썬 쪽파를 올린다.

+TIP

+ 검보는 밥과 빵에 모두 잘 어울린다. 밥 위에 올려 덮밥으로 먹거나 빵에 찍어 먹어도 맛있다.
+ 칠리파우더 대신 고운 고춧가루를 사용해도 된다.
+ 루는 수프나 소스의 농도를 조절하는 데 사용되며 밀가루와 버터를 1:1의 비율로 노릇하게 볶아 만든다.
+ 닭 육수 대신 시판 치킨 스톡을 동량 사용해도 된다.

검보 만드는 법

새우는 껍질과 내장, 머리와 꼬리를 제거하고 2cm 길이로 자른다.

청피망, 양파, 셀러리는 사방 1cm 크기로 깍둑썰기 한다.

청양고추는 0.3cm 두께로 썬다.

다진 마늘을 넣고 1분간 볶는다.

7에 닭 육수를 넣는다.

토마토 소스를 넣는다.

냄비에 버터를 녹이고 중력분을 넣어 골고루 섞는다.

갈색이 될 때까지 볶아 루를 만든다.

5에 양파를 넣고 노릇하게 볶아지면 셀러리, 청피망, 청양고추를 넣고 볶는다.

칠리파우더를 넣는다.

레드페퍼와 월계수 잎을 넣고 채소가 부드럽게 익을 때까지 약불에 끓인다.

11에 게맛살과 새우를 넣고 새우가 익을 때까지 약불에 끓인다.

THAILAND 태국
매콤한 맛에 톡 쏘는 산미
똠얌꿍

타이거새우 8마리
만가닥버섯 ½줌(50g)
통조림 죽순 20g
태국 청고추 2개
태국 홍고추 2개
레몬그라스 1대
라임 잎 2장
고수 2줄기
생강 1톨
코코넛 밀크 ¼컵(50㎖)
칠리 페이스트 ½큰술
레드카레 페이스트 ½큰술
피시소스 1큰술
라임 즙 1큰술

해산물 국물 2+½컵 (500㎖)

고수 잎 적당량

01 새우는 머리와 꼬리를 남기고 껍질과 내장을 제거한다.
02 죽순은 모양을 살려 0.3cm 두께로 썰고, 만가닥버섯은 손으로 하나씩 떼어 낸다.
03 태국 청고추와 홍고추는 반으로 자르고 생강은 0.2cm 두께로 썬다.
04 고수는 잎을 따로 떼어 낸 뒤 줄기를 3cm 길이로 썰고, 레몬그라스는 0.3cm 두께로 어슷하게 썬다.
05 냄비에 해산물 국물, 태국 청·홍고추, 레몬그라스, 고수 줄기, 생강, 라임 잎을 넣고 끓어오를 때까지 센 불에 끓인다.
06 05에 칠리 페이스트, 레드카레 페이스트를 넣어 잘 풀고 새우, 죽순, 만가닥버섯을 넣어 5분간 중불에 끓인다.
07 06에 피시소스, 라임 즙, 코코넛 밀크를 붓는다.
08 똠얌꿍을 그릇에 담고 고수 잎을 올린다.

+TIP
+ 태국 청·홍고추 대신 청양고추 1개를 사용해도 된다.
+ 만가닥버섯 대신 느타리버섯을 사용해도 좋다.
+ 라임 즙 대신 레몬 즙을 사용해도 된다.
+ 해산물 국물 대신 시판 시푸드 스톡을 동량 사용해도 된다.

똠얌꿍 만드는 법

새우는 머리와 꼬리를 남기고 껍질과 내장을 제거한다.

죽순은 0.3cm 두께로 썰고, 만가닥버섯은 손으로 하나씩 떼어 낸다.

태국 청·홍고추는 반으로 자른다.

냄비에 해산물 국물, 태국 청·홍고추, 레몬그라스, 고수 줄기, 생강, 라임 잎을 넣고 센 불에 끓인다.

7이 끓어오르면 칠리 페이스트를 넣는다.

8에 레드커리 페이스트를 넣어 잘 푼다.

생강은 0.2cm 두께로 썬다.

고수는 잎을 따로 떼어 내고 줄기는 3cm 길이로 썬다.

레몬그라스는 0.3cm 두께로 어슷하게 썬다.

죽순, 만가닥버섯, 새우를 넣는다.

5분간 중불에서 끓이다가 피시소스를 붓는다.

11에 라임 즙, 코코넛 밀크를 붓는다.

CHINA 중국
라유로 감칠맛을 더한
산라탕

돼지고기 뒷다리살 150g
연두부 1/3모
달걀 1개
표고버섯 2개
느타리버섯 1/2봉지
통조림 죽순 80g
식초 1큰술
청주 1/2큰술
간장 1작은술
소금 1/2작은술
전분물 1큰술

돼지고기 밑간 양념
생강즙 1작은술
청주 1작은술
전분 1작은술

닭 육수 3컵(600㎖)

라유 적당량
고수 적당량

01 돼지고기는 길이 4cm, 사방 0.5cm 두께로 썰어 볼에 담고 밑간 양념에 재워 둔다.
02 두부는 길이 4cm, 사방 1cm 두께로 썬다. 죽순은 4cm 길이로 잘라 0.3cm 두께로 썬다.
03 표고버섯은 기둥을 떼어 0.3cm 두께로 썰고, 느타리버섯은 밑동을 제거하고 반 자른다.
04 달걀은 알끈이 풀어지도록 잘 젓는다.
05 센 불에 냄비를 올리고 닭 육수를 부어 끓어오르기 시작하면 돼지고기를 넣는다.
06 다시 끓어오르기 시작하면 약불로 줄이고 표고버섯, 죽순을 넣어 거품을 걷어가며 5분 동안 끓인다.
07 06에 식초, 청주, 간장, 소금을 넣어 간하고 전분물을 넣어 농도를 맞춘다.
08 07에 두부를 넣은 뒤 달걀물을 냄비 주변에 돌려 가며 붓고 한소끔 끓인다.
09 수프를 그릇에 담고 라유와 고수를 올린다.

+TIP
+ 전분물은 전분 1큰술과 물 1큰술을 섞어 만든다.
+ 라유와 고수는 취향에 따라 생략해도 된다.
+ 닭 육수 대신 시판 치킨 스톡을 동량 사용해도 된다.

🍲 산라탕 만드는 법

돼지고기는 길이 4cm, 사방 0.5cm 두께로 썰어 밑간 양념에 재운다.

두부는 길이 4cm, 사방 1cm 두께로 썬다.

죽순은 4cm 길이로 잘라 0.3cm 두께로 썬다.

다시 끓어오르면 약불로 줄이고 버섯과 죽순을 넣어 5분간 끓인다.

7에 식초와 청주를 넣는다.

간장, 소금을 넣어 간한다.

느타리버섯은 밑동을 제거하고 길이로 반 자른다.
표고버섯은 기둥을 떼고 0.3cm 두께로 썬다.

달걀은 알끈이 풀어지도록 잘 젓는다.

냄비에 닭 육수를 넣고 센 불에 올려 끓기 시작하면 돼지고기를 넣는다.

전분물을 넣어 농도를 맞춘다.

두부를 넣는다.

5의 달걀물을 냄비 주변에 돌려 가며 붓고 한소끔 끓인다.

INDONESIA 인도네시아

진하고 깊은 맛의 닭고기 수프
소또아얌

닭가슴살 1장
청주 1작은술
양파 1/2개(100g)
마늘 1쪽
생강 1톨(30g)
숙주 1/2줌(50g)
커민 1/4작은술
시나몬 파우더 한 꼬집
강황가루 1/2작은술
피시소스 1큰술
올리브유 1/2큰술
소금 약간
후추 약간

닭 육수 3컵(600㎖)

삶은 달걀 1개
마늘 칩 적당량(p.236 참고)
고수 적당량

01 닭가슴살은 청주를 넣은 끓는 물에 15분 동안 삶아 체에 밭쳐 물기를 빼고 식힌 후 결대로 찢는다.
02 양파는 0.5cm 두께로 썰고, 마늘은 다진다.
03 생강은 강판에 간다.
04 팬에 올리브유를 두르고 양파를 노릇하게 중불에 볶는다.
05 04에 마늘을 넣고 마늘 향이 나기 시작하면 커민, 강황가루, 시나몬 파우더를 넣고, 닭 육수를 부어 중불에 끓인다.
06 끓어오르기 시작하면 생강, 숙주를 넣고 피시소스, 소금, 후추로 간한다.
07 수프를 그릇에 담고 01과 반으로 자른 삶은 달걀, 마늘 칩, 고수를 얹는다.

+TIP
+ 닭가슴살을 삶을 시간적 여유가 없다면 닭가슴살 통조림을 사용해도 된다.
+ 소또아얌은 흰쌀밥과 함께 먹으면 더욱 맛이 좋다.
+ 닭 육수 대신 시판 치킨 스톡을 동량 사용해도 된다.

소또아얌 만드는 법

1
냄비에 물을 붓고 청주 2큰술을 넣어 끓인다.

2
1의 끓는 물에 닭가슴살을 넣어 15분간 삶은 뒤 체에 밭쳐 물기를 빼고 식힌다.

3
삶은 닭가슴살을 결대로 찢는다.

7
6에 마늘을 넣고 마늘 향이 나기 시작하면 커민을 넣는다.

8
강황가루를 넣는다.

9
시나몬 파우더를 넣는다.

양파는 0.5cm 두께로 썰고, 마늘은 다진다.

생강은 강판에 간다.

팬에 올리브유를 두르고 양파를 노릇하게 볶는다.

닭 육수를 부어 중불에 끓인다.

10이 끓어오르기 시작하면 생강, 숙주를 넣는다.

피시소스, 소금, 후추로 간한다.

● **JAPAN** 일본

쌉싸름한 우엉이 국물을 담백하게

돈지루

삼겹살 40g
무 1/10개(80g)
감자 1/4개(40g)
당근 1/4개(50g)
우엉 1/2개(30g)
일본 된장 2+1/2큰술
올리브유 1작은술

다시마 국물 2+1/2컵 (500㎖)

실파 1대

01 삼겹살은 3cm 길이로 썰고, 실파는 0.5cm 두께로 송송 썬다.
02 무, 감자는 0.5cm 두께로 썰어 4등분 한다.
    당근은 0.5cm 두께로 썰어 2등분 한다.
03 우엉은 껍질을 벗기고 0.2cm 두께로 어슷썰기 해 물에 10분간 담가 두었다가
    체에 밭쳐 물기를 뺀다.
04 냄비에 올리브유를 두르고 삼겹살을 넣어 중불에 볶다가
    감자, 무, 당근, 우엉을 넣고 함께 볶는다.
05 채소가 투명해지기 시작하면 다시마 국물의 반을 넣고
    뚜껑을 덮은 후 약 10분간 중불에 끓인다.
06 05에 남은 다시마 국물을 넣고 거품을 걷으며 끓인다.
07 06이 끓어오르기 시작하면 약불로 줄인 후 일본 된장을 풀어 넣고
    끓어오르기 전에 불을 끈다.
08 수프를 그릇에 담고 실파를 올린다.

+TIP

+ 다시마 국물 만드는 법은 p.16을 참고한다.

돈지루 만드는 법

삼겹살은 3cm 길이로 썬다.

실파는 0.5cm 두께로 송송 썬다.

무는 0.5cm 두께로 썰어 4등분 한다.

냄비에 올리브유를 두르고 삼겹살을 넣어 중불에 볶는다.

감자, 무, 당근, 우엉을 넣고 함께 볶는다.

채소가 투명해지기 시작하면 다시마 국물의 반을 넣고 10분간 중불에 끓인다.

감자는 0.5cm 두께로 썰어 4등분 한다.

당근은 0.5cm 두께로 썰어 2등분한다.

우엉은 껍질을 벗기고 0.2cm 두께로 어슷썰기 해 물에 10분간 담갔다가 물기를 뺀다.

9에 남은 다시마 국물을 넣고 거품을 걷으며 끓인다.

한소끔 끓어오르면 약불로 줄인 뒤 일본 된장을 넣는다.

미소 된장을 잘 풀고, 끓어오르기 전에 불을 끈다.

07
GARNISH
가니쉬

가니쉬는 아름다운 색감과
독특한 향미를 더해 음식을
더욱 먹음직스럽게 하고,
요리에 세련된 멋을 불어넣는다.
또한 수프의 주재료에 따라
부족할 수 있는 영양소를
보완해 줄 만한
가니쉬를 고르면 맛과 멋을
끌어올릴 뿐만 아니라
영양의 균형까지 맞출 수 있다.

채소&허브

채소를 활용한 가니쉬는 수프에 싱그러운 맛과 향을 더해 주며, 부족할 수 있는 섬유질을 보충해 준다. 허브의 경우, 잎사귀를 통째로 넣거나 손으로 뜯어서 넣기도 하는데, 그대로 쓰기보단 다져서 쓰면 향이 더 강해진다.

잘게 다진 채소
오이나 토마토, 적양파와 같은 채소는 잘게 다져 냉수프에 올리면 신선한 맛과 향을 느낄 수 있다. 오이나 양파의 경우 얼음물에 잠깐 담갔다 빼면 더욱 아삭한 식감을 살릴 수 있다.

채소 칩
바삭하게 튀긴 채소는 채소 특유의 향에 고소한 향을 입혀 색다른 풍미를 낸다. 튀기지 않고 말린 채소나 과일은 살짝 단맛을 더해 주며, 식이섬유나 비타민을 보충해 줄 수 있다.

구운 채소
구울수록 영양과 풍미가 살아나는 채소도 있다. 가지, 애호박, 버섯 같은 채소를 그릴팬이나 오븐에 구워 올리면 단맛이 응축되고, 요리가 훨씬 먹음직스러워진다.

딜
향이 강하고 잎에 있는 정유 성분이 비린내를 제거하는 효과가 탁월해 주로 해산물 요리에 많이 쓰인다. 뜨거운 요리에 넣을 때는 먹기 직전에 올려야 향이 오래 유지된다.

파슬리, 파슬리 가루
고기 요리를 할 때 사용하면 잡내를 없애 주고, 고기 요리에 부족한 비타민과 칼슘을 보충해 줄 수 있다. 이탈리안 파슬리는 일반 파슬리에 비해 쓴맛이 적고 향미가 더욱 좋다.

민트
요리에 많이 쓰이는 것은 스피아민트인데, 시원하고 달콤한 향이 있어 차가운 수프나 과일 수프, 디저트, 시원한 음료 등에 곁들이면 특히 잘 어울리며 뒷맛을 개운하게 해준다.

바질
약간의 산미가 있어 치즈나 생선, 고기가 들어간 거의 모든 요리에 잘 어울리며, 채소 중에서는 특히 토마토 요리와 궁합이 잘 맞는다. 생잎을 그대로 사용할 경우 어린잎을 쓰는 게 좋다.

고수
동남아시아나 중동, 인도 요리에서 흔히 볼 수 있는데 살짝 매운맛과 특유의 쌉쌀한 향이 고기나 해산물의 비린 맛을 중화시켜 준다. 생잎 그대로 요리에 곁들이는 경우가 많다.

견과류 & 치즈

견과류는 섬유질 위주로 구성된 수프에 부족할 수 있는 불포화지방산을,
치즈는 단백질과 칼슘을 보충해 줄 수 있어 유용하다. 견과류를 활용할 때는 기름을 쓰지 않고
약한 불에서부터 천천히 구워 갈색이 돌도록 구우면 더욱 고소한 맛을 낼 수 있다.

아몬드
통아몬드를 마른 팬에 살짝 구워 써도 되고, 아몬드 슬라이스를 샐러드나 수프에 토핑으로 쓸 수도 있다. 굵게 다지거나 빻아서 요리의 속 재료나 장식으로 쓰기에도 유용하다.

해바라기씨
몸에 좋은 식물성 지방이 풍부하다. 살짝 볶아서 먹으면 더욱 고소한 맛을 즐길 수 있다. 고기 수프를 먹을 때 볶은 해바라기씨를 함께 섭취하면 콜레스테롤 수치를 낮출 수 있다.

호박씨
고소하고 쫄깃한 식감에 호박 향이 살짝 감돈다. 올리브유에 볶아서 쓰면 더욱 맛있다. 불포화지방과 비타민이 많은데 칼슘이 풍부한 우유와 영양적인 면에서 상승 효과가 있다.

캐슈너트
땅콩과 비슷하나 식감이 더 부드럽고, 고소하면서 단맛이 난다. 섬유질과 필수지방산이 풍부해 콜레스트롤 수치를 낮춰 준다. 곡물 수프나 고기 수프와 영양적으로 잘 어울린다.

파마산 치즈
수분 함량이 매우 적어 질감이 단단하다. 고소한 맛으로 그냥 먹어도 좋지만 치즈 강판에 갈아 가루를 내거나 얇게 저며 요리에 곁들이면 부드럽게 씹히는 맛이 예술이다.

리코타 치즈
치즈를 만들 때 나오는 부산물인 유청으로 만드는데, 크림처럼 부드러운데다 맛이 고소하고 저지방이라 샐러드, 수프에 곁들이거나 빵에 발라먹는 스프레드로 활용해도 좋다.

콜비잭 치즈
짭짤하고 고소한 체다 치즈와 담백한 모차렐라 치즈가 섞여 있어 두 가지 치즈의 맛을 동시에 느낄 수 있다. 질감은 체다 치즈와 비슷하지만 체다 치즈보다 좀 더 부드럽고 순한 맛이다.

그뤼에르 치즈
숙성 기간이 길어 부드럽고 향이 강하다. 풍미가 좋고 잘 녹아 오븐에 굽는 요리 위에 듬뿍 뿌리면 치즈가 녹으면서 풍부한 맛과 향을 더해 준다. 브레드 수프에 특히 잘 어울린다.

그 밖의 가니쉬

담백하고 건더기가 거의 없이 걸쭉한 수프에 크루통처럼 바삭거리는 식감을 가진 스낵류를 곁들이면 식감이 한층 더 풍성해진다. 크림이나 요거트, 올리브유 등은 수프의 질감을 부드럽게 만든다. 또한 취향에 맞는 향미료를 선택해 맛의 깊이를 더해 보자.

베이컨칩
베이컨을 마른 팬에 볶아 베이컨 자체의 기름이 쭉 빠질 때까지 구우면 과자처럼 만들 수 있다. 고소하면서도 짭짤한 맛과 바삭한 질감이 부드러운 수프의 맛과 잘 어울린다.

토르티야칩
토르티야를 막대 모양으로 얇게 썰어 기름에 튀겨 만든 칩으로 담백하면서 고소하다. 기호에 따라 올리고당, 꿀, 시나몬 파우더, 견과류 등을 곁들이면 더욱 풍부한 맛을 낼 수 있다.

크루통
작은 주사위 모양으로 썬 빵을 튀기거나 구워 수분을 날려 바삭하게 만든 가니쉬로 입안에서 와삭거리며 부서지는 식감이 수프에 고소한 맛을 더하고, 색다른 식감을 선사한다.

시나몬 파우더
약간의 매운맛과 쌉싸래하면서도 달콤한 향이 요리에 깊이를 더해 준다. 주로 과자나 케이크 등의 디저트에, 커피나 홍차, 와인, 잼 등에 향긋한 풍미를 더하는 데 쓰인다.

크림 또는 요거트
걸쭉하고 매콤한 수프 위에 장식하면 매운맛을 중화해 주고 한층 부드러운 맛을 내준다. 묽고 가벼운 생크림은 완성된 수프 위에 흩뿌리고, 좀더 무거운 크림은 덩어리째 완성된 수프 위에 올린다.

엑스트라버진 올리브유
올리브유는 산도가 낮을수록 신선한데, 산도가 0.8% 이하인 것을 엑스트라버진이라 한다. 채소를 베이스로 한 냉수프에 잘 어울리며, 수프의 질감을 매끄럽게 정돈해 준다.

꿀
상쾌하고 깔끔한 맛이 특징인 채소나 과일 베이스의 냉수프에 달콤한 맛을 더하고 싶을 때 곁들인다. 과일과 채소 특유의 향을 해치지 않으면서 은은하고 부드러운 단맛을 낸다.

라유
칼칼하면서도 고소한 맛의 고추기름으로 아시아풍의 국물 요리나 수프, 면 요리에 잘 어울린다. 맑은 국물의 해산물 수프나 고기 수프에 몇 방울 떨어뜨리면 매콤한 맛이 일품이다.

시나몬 향을 더해 더욱 달콤한
01 고구마 칩

고구마 ¼개(50g)
식용유 적당량
시나몬 설탕 약간

01 슬라이서로 고구마를 얇게 썰어 물에 30분간 담근다.
02 체에 밭쳐 물기를 빼고 키친타월로 남은 물기를 완전히 제거한다.
03 170℃로 가열한 식용유에 고구마를 튀긴 후 시나몬 설탕을 뿌린다.

+TIP
+ 전자레인지로 고구마 칩 만들기 : 얇게 슬라이스한 고구마를 내열 접시에 펼쳐 담고 전자레인지에 1분 30초간 돌린다. 접시를 꺼내 고구마를 뒤집고 다시 1분 30초간 돌린다.
+ 시나몬 설탕은 집에서도 간단히 만들 수 있다. 그라뉴당 14g과 시나몬 파우더 1g을 골고루 섞어 만든다. 그라뉴당이 없으면 백설탕으로 만든다. 만들어 놓은 시나몬 설탕은 수프는 물론 토스트, 홍차 등에 사용할 수 있다.

02 씹을수록 고소하고 담백한
토르티야칩

토르티야 1장
식용유 적당량

01 토르티야를 두께 0.5cm, 길이 3cm로 자른다.
02 160℃로 예열한 기름에 노릇하게 튀긴다.
03 키친타월에 올려 기름기를 빼고 식힌다.

+TIP
+ 토르티야 겉면에 오일을 발라 채소를 구울 때 오븐에 같이 구워도 된다.
+ 단맛을 더하고 싶다면 올리고당이나 꿀을, 더 고소한 맛을 원한다면 견과류 가루를 뿌려 구워도 좋다.
+ 프라이팬을 사용해 만들 경우, 식용유를 넉넉히 두른 팬에 얇고 길쭉한 막대 모양으로 썬 토르티야를 넣고 연한 갈색이 고르게 날 때까지 구운 뒤 키친타월에 올려 기름기를 뺀다.

03 마늘 칩
고소하고 알싸한 맛과 향

마늘 8개(40g)
식용유 적당량

01 마늘은 슬라이서를 사용해 세로로 얇게 썬다.
02 물에 2~3시간 정도 담가 아린 맛을 제거한 뒤 키친타월로 물기를 제거한다.
03 170~180℃로 예열한 기름에 바삭하게 튀긴다.

+TIP
+ 마늘 칩의 마늘은 슬라이서를 사용하면 얇고 고르게 썰 수 있다.
+ 마늘을 썰어 물에 담그는 또 다른 이유는 마늘에서 나오는 진액을 빼기 위해서다. 진액을 제거해야 튀기고 나서 서로 달라붙지 않으며, 바삭한 식감을 살릴 수 있다.
+ 너무 오래 튀기면 색이 짙어지고 쓴맛이 날 수 있으니 적당히 노릇노릇해지면 건지도록 한다.

04 간간하게 입에 착 붙는
베이컨칩

베이컨 ½줄

01 베이컨은 1cm 두께로 자른다.
02 팬에 바삭하게 굽는다.
03 키친타월 위에 올려 기름기를 제거해 베이컨칩을 만든다.

+TIP

+ 전자레인지로 베이컨칩 만들기 : 1cm 두께로 썬 베이컨을 키친타월을 깐 내열 접시에 펼쳐 담고 전자레인지에 1분 30초간 돌린다. 접시를 꺼내 베이컨을 뒤집고 다시 1분 30초간 돌린다.
+ 베이컨이 갈색이 될 때까지 구워 기름이 자작하게 나올 정도로 볶아야 식었을 때 바삭한 식감을 살릴 수 있다.
+ 전자레인지로 베이컨칩을 만들 때는 베이컨의 두께에 따라 조리 시간을 가감하되, 얇은 베이컨의 경우 타지 않게 주의하도록 한다.

입안에서 와사삭 부서지는 고소함

05 크루통

식빵 1쪽

01 식빵을 사방 1cm 크기로 깍둑썰기 한다.

02 오븐 팬에 펼쳐 담는다.

03 160℃로 예열한 오븐에 약 10분간 굽는다.

+TIP
+ 크루통을 만들 때 오븐이 없다면 프라이팬을 이용한다. 기름을 두르지 않은 팬에 자른 식빵을 넣고 중불에 뒤집어가며 노릇하게 굽는다.
+ 그냥 먹어도 고소하고 담백하지만 곱게 다진 마늘을 골고루 섞어 구우면 마늘 향이 배어 풍미가 더욱 좋아진다.
+ 샌드위치를 만들고 남은 식빵 가장자리를 모아 두었다가 크루통을 만들어도 된다.

06 라유
맛있게 매운 국물 맛 내기

콩기름 2+1/2컵
4cm 길이로 썬 대파 2대
편으로 썬 생강 2톨
홍고추 1개
청양고추 1개
고춧가루 4큰술

01   냄비에 기름을 붓고 대파와 생강을 넣어 약불에서 끓인다.
02   홍고추와 청양고추를 반으로 잘라 기름이 끓기 전에 고춧가루와 함께 넣고 끓인다.
03   고춧가루가 갈색이 되면 불을 끄고 체에 거른다.

+TIP
+ 더 매운맛을 내고 싶다면 청양고춧가루를 사용하거나 고추를 잘게 부수어 넣는다.
+ 청양고추 대신 칠리페퍼를 넣어도 좋다.
+ 다진 마늘을 노릇하게 볶아 넣으면 고소한 맛을 더할 수 있다.

찾아보기

ㄱ 가스파초_199 • 감자 수프_023 •
감자 수프 활용 고로케_030 • 검보_207 •
검은깨 찹쌀 수프_107 • 견과류 수프_105 •
고구마 수프_041 • 고구마 수프 활용 빵그라탕_043 •
고구마 칩_234 • 고기 육수_013 • 고수_229 •
관자 콘 수프_139 • 구운 가지 수프_049 •
구운 채소_229 • 구운 콜리플라워 수프_059 •
굴 수프_147 • 그뤼에르 치즈_231 • 꿀_233 •

ㄷ 다시마 국물_016 • 단호박 수프_039 •
단호박 수프 활용 팬케이크_042 • 닭 육수_012 •
닭고기 완자 수프_157 •
닭고기 완자 수프 활용 양배추 롤_159 •
닭봉 카레 수프_153 • 당근 수프_033 •
대파 수프_057 • 대합 감자 수프_133 •
돈지루_223 • 돼지고기 채소 수프_163 • 딜_229 •
똠얌꿍_211

ㄹ 라유_239 • 렌틸콩 수프_109 • 루유_188 •
리코타 치즈_231

ㅁ 마늘 수프_055 • 마늘 칩_233 •

만들어 놓은 육수 및 국물 보관법_019 •
맛있는 육수를 만드는 비결_018 •
모둠 과일 냉수프_081 • 모둠 채소 수프_071 •
미네스트로네_195 • 미역 달걀 수프_143 •
믹스빈 수프_113 • 민트_229

ㅂ 바지락 양파 수프_131 • 바질_229 •
버섯 수프_067 • 베이컨 양상추 수프_179 •
베이컨칩_233 • 복숭아 냉수프_089 •
복숭아 냉수프 활용 젤리_091 • 부야베스_185 •
부야베스 활용 리조또_189 • 브로콜리 치즈 수프_063 •
비프 콘소메 수프_171 •
비프 콘소메 수프 활용 국수_175

ㅅ 사과 냉수프_085 • 산라탕_215 •
새우 완탕 수프_123 •
새우 완탕 수프 활용 누룽지탕_127 •
소고기 버섯 수프_167 •
소고기 버섯 수프 활용 파이_174 • 소똠야얌_219 •
소시지 미니양배추 수프_165 • 시금치 수프_027 •
시금치 수프 활용 파운드케이크_031 •

시나몬 파우더_233 • 시판 스톡_017

ㅇ 아몬드_231 • 아보카도 냉수프_079 •
애호박 수프_045 • 엑스트라버진 올리브유_233 •
연어 수프_135 • 연어 수프 활용 파스타_137 •
오이 냉수프_077 • 오징어 토마토 수프_119 •
오징어 토마토 수프 활용 토르티야 피자_126 •
옥수수 냉수프_095 • 완두콩 냉수프_099 •
요거트_233

ㅈ 잘게 다진 채소_229

ㅊ 채소 국물_014 • 채소 칩_229

ㅋ 캐슈너트_231 • 콜비잭 치즈_231 • 크루통_233 •
크림_233

ㅌ 타라토르_203 • 토르티야칩_235

ㅍ 파마산 치즈_231 • 파슬리_229 •
프렌치 어니언 수프_191

ㅎ 해바라기씨_231 • 해산물 국물_015 •
호박씨_231 • 훈제 삼겹살 소시지 수프_181

GLOBAL SOUL FOOD · SOUP

초판 1쇄 발행 2015년 12월 7일
초판 2쇄 발행 2021년 1월 25일

발행인 최명희
발행처 (주)퍼시픽 도도

회장 이웅현
기획·편집 홍진희
디자인 김진희
제작 퍼시픽북스
홍보·마케팅 강보람

요리·스타일링 김수경(스튜디오 잇다)
사진 정준택(fun studio)
요리 어시스턴트 배한나, 양수진, 송현주, 장지아
그릇 협찬 에델바움(02-706-0350)
타일 협찬 윤현상재(02-540-0145)

출판등록 제2004-000040호
주소 서울시 중구 충무로 29 아시아미디어타워 503호
전자우편 dodo7788@hanmail.net
문의 02)739-7656

Copyright ⓒ (주)퍼시픽 도도

ISBN 979-11-85330-30-3(13590)
정가 14,800원

잘못된 책은 구입하신 곳에서 바꾸어 드립니다.
이 책에 실린 글과 사진은 저작권법에 의해 보호되고 있으므로
무단 전재와 복제를 일절 금합니다.

이 도서의 국립중앙도서관 출판예정도서목록(CIP)은 서지정보유통지원시스템 홈페이지(http://seoji.nl.go.kr)와
국가자료공동목록시스템(http://www.nl.go.kr/kolisnet)에서 이용하실 수 있습니다.
(CIP제어번호: CIP2015032663)